北京
文史

历史人物专辑

金海陵王
完颜亮

北京市文史研究馆 编著　　王岗 著

北 京 出 版 集 团
北 京 出 版 社

图书在版编目（CIP）数据

金海陵王完颜亮 / 北京市文史研究馆编著 ; 王岗著. —
北京：北京出版社，2023.12
　　（北京文史历史人物专辑）
ISBN 978-7-200-18521-8

　　Ⅰ.①金… Ⅱ.①北… ②王… Ⅲ.①完颜亮（1122-
1161）—传记 Ⅳ.①K827=464

中国国家版本馆CIP数据核字（2024）第020985号

顾　　　问：戴　逸
主　　　编：王　岗
执 行 主 编：陈　维
编　　　委：王　岗　吴建雍　李宝臣　刘仲华
编辑部主任：赵书月
执 行 编 辑：周天一
封 面 绘 画：《海陵迁都》毕建勋 绘
书 籍 设 计：报晓文化传媒（北京）中心　毕爽

责 任 编 辑：赵　宁
助 理 编 辑：班克武
责 任 印 制：彭军芳

北京文史历史人物专辑

金海陵王完颜亮

JIN HAILINGWANG WANYAN LIANG

北京市文史研究馆　编著　　王岗　著

出　版　北京出版集团
　　　　北京出版社
地　址　北京北三环中路6号
邮　编　100120
网　址　www.bph.com.cn
总发行　北京出版集团
印　刷　北京华联印刷有限公司
版印次　2023年12月第1版第1次印刷
开　本　787毫米×1092毫米　1/16
印　张　14.625
字　数　190千字
书　号　ISBN 978-7-200-18521-8
定　价　128.00元

如有印装质量问题，由本社负责调换
质量监督电话：010-58572393
责任编辑电话：010-58572703

目 录

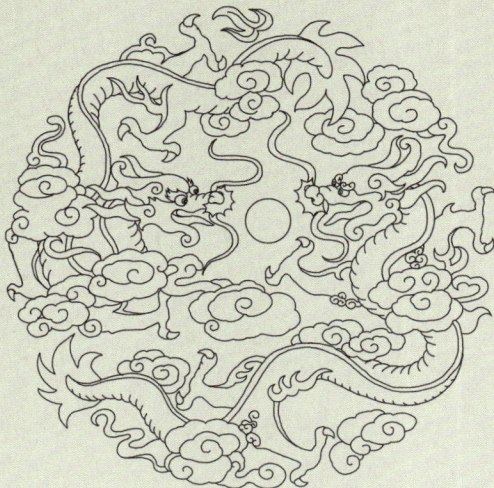

引 言

　　金朝的建立，在中国历史上影响不甚大，往往被人们忽略。其一，在它建立后，虽然辽和北宋皆被它攻灭，与南宋形成对峙局面，但南宋在中国历史上的地位和影响显然超过了金朝。其二，从女真的崛起开始而日益发展的金朝，经历了一个从原始部落到中央集权国家快速转变的过程，这个从野蛮到文明的转变太快了，导致文明的进步比社会的进步要迟滞很多，因此它给后人的印象仍然停留在野蛮的状态中，再加上与南宋高度文明的差距，更加深了人们的这种印象。其三，金朝灭亡后，适逢宋、元之间较长时期的混战，金朝留下来的文明被毁坏殆尽，给后人的研究带来极大的困难。

　　金朝的建立，是与反抗辽朝的压迫密切相关的。生活在东北地区的女真部落，能够接触到更高层次的文明，只有通过辽朝。随着辽朝统治阶层的日渐腐败，不仅对女真民众的压迫越来越严重，而且加剧了对辽朝境内的汉族民众的压迫。在这种情况下，为了反抗辽朝的压迫，汉族与女真就联合在一起，共同面对他们的敌人——辽朝统治者。在这个过程中，汉族士人帮助女真部落首领完成了社会进化的过程，从而增强了女真部落反抗辽朝压迫的力量。

　　女真势力崛起的速度是非常快的，堪称罕见。在与北宋联手攻灭辽朝之后，很快又攻灭北宋，占据了中国北部的半壁江山。此时，金朝的国家体制建设尚未完成，许多重要的制度尚未确立，直接影响到金朝的整体发展进程。因此，在金朝崛起的初期，正是这些重要问题的逐步解决，使得金朝的历史向前推进了一大步。

　　完颜亮，字元功，女真名为迪古乃，是辽王完颜宗干的次子，庶出。金熙宗时，曾任骠骑上将军、龙虎卫上将军、中京留守、尚书左丞、平章政事、右丞相等职。皇统九年（1149年），因发动宫廷政变夺得皇权。及正隆六年（1161年）大举南伐失败被弑，政敌金世宗即位，于大定二年（1162年），将其降封为"海陵郡王"，谥号"炀"，故后人称完颜亮为"海陵炀王"。这个封号没有别的意思，只是不承认完颜亮曾经做过13年的帝王而已。到大定二十一年（1181年），金世宗又下诏贬斥完颜亮为"海陵庶人"。既降为庶人，又何必加"海陵"二字？对完颜亮究竟应该如何评价，历史自有公论。

第一章　显赫家世

女真是世代生活在东北地区的一个少数民族，长期处于原始部落的发展阶段。从先秦时期开始，即与中原王朝有着较为密切的联系。到了唐代，玄宗时曾有一部分女真部落前来归附，唐朝政府在其地设置有黑水都督府，并任命其首领为都督。唐朝灭亡后，北方契丹族崛起，建立辽朝，女真各部落即归附辽朝。这时的女真被分为生女真和熟女真两部分。

金太祖完颜阿骨打画像，北京，首都博物馆"金（女真）历史渊源及文物特展"
FOTOE 供图

辽朝中后期，女真完颜部逐渐崛起，统一其他女真各部落，社会结构有了较大进化。到辽朝末年，契丹统治者日益腐败，对女真各部落的压迫越来越残酷，迫使完颜部首领阿骨打（即金太祖完颜旻）率众起义，反抗辽朝的腐败统治。在多次交锋中，阿骨打以少胜多，以弱胜强，力量不断壮大，最终建立金朝。在这个过程中，完颜部的诸多贵族首领发挥了重要作用，成为建立金朝的骨干力量。

金海陵王完颜亮的父亲完颜宗干，为金太祖庶长子，为金朝的建立转战四方，立下汗马功劳。及金太宗即位后，又主持国政，屡有建树。金太宗死后，他又为金熙宗的即位鼎力相助，深得金熙宗信任，显贵无比。及他死后，金熙宗特别停止处理政务七日，史称："大臣死辍朝，自宗干始。"[1]完颜亮生长在这样的家庭里，政治资源自然极为雄厚，为他在政治上的发展铺就了坦途。

[1]《金史》卷七十六《完颜宗干传》。

第一节　女真的崛起和金朝的建立

女真作为东北地区的少数民族，长期生活在长白山下、黑龙江流域，所谓"白山黑水"之间。这片地区，"南邻高丽，北接室韦，西界渤海、铁离，东濒海，三国志所谓挹娄，元魏所谓勿吉，唐所谓黑水靺鞨者，今其地也"[1]。以松花江为界，以南居住的称"熟女真"，以北居住的称"生女真"。这片区域较为闭塞，与中原地区的交往并不多，故而社会发展状况较为落后，生女真更甚于熟女真。

自辽代中期开始，女真中的完颜部落开始进化，其始祖函普在部落中定下条规，令部众信服。传三世，至献祖绥可时，进入农耕及定居阶段，部落经济有了较大发展。至其子昭祖石鲁时，开始征服周边部落，并接受了辽朝的封官。其子景祖乌古乃更是借助辽朝的力量，不断扩大完颜部落在黑龙江流域的势力，剪除异己。此后，其子世祖劾里钵、肃宗颇剌淑、穆宗盈歌（又作"杨割"）相继发展，使完颜部落日益兴盛。

至世祖之子阿骨打成为完颜部落首领之时，一方面，辽朝的统治越来越腐败，对女真民众的压迫越来越重，而辽朝军队的战斗力却在严重下降；另一方面，女真在完颜部落的领导下发展越来越兴盛，武装力量越来越强大。这种情况，就为阿骨打起兵反抗辽朝的统治提供了有利条件。经过双方几次较量，阿骨打取得节节胜利，并在部下的拥戴之下，正式建立金朝，为此后攻灭辽朝奠定了坚实的基础。

一、女真的发展概况

在东北地区，女真的起源是较早的，与中原王朝建立联系始于北魏时期，当时被称为勿吉，又被称为靺鞨。据《北史》卷九十四《勿吉传》记载，该部族最初有七大部落，即：1.粟末部，2.伯咄部，3.安车骨部，4.拂涅部，5.号室部，6.黑水部，7.白山部。到了唐代初年，勿吉七部已经被靺鞨两部所取代，即：1.黑水靺鞨，2.粟末靺鞨。据此可知，勿吉的其他五部，已经被这两部所兼并。在这个历史

[1]《大金国志》附《金国初兴本末》以黑龙江（又称混同江）。

长白山地区是女真的发祥地之一，图为长白山天池　视觉中国 供图

发展阶段，不论是勿吉还是靺鞨，皆与北方的高丽、百济、铁勒、契丹、室韦等少数民族并称，并臣附于中原王朝。

到五代时期，女真部落有了进一步发展，开始与黑水靺鞨并称。他们一方面仍然与中原地区的后唐、后周政权交往；另一方面，又曾联合周围部落，反抗契丹的侵犯。及宋朝建立后，又曾派使臣进见宋太宗，希望和宋朝联手对抗契丹，却遭到宋太宗的拒绝，最后不得不臣服于辽朝。正是在这个时期，历史文献中才有了女真部落的称谓。

建立金朝的女真部落，是众多女真部落中的一支，称完颜部。其始祖函普时的部落尚处于游猎与畜牧生产并行之时，经常发生部落间的冲突。因为函普能够调解部落间的矛盾，订立约定，由此而获得周围部落的信服。这是女真完颜部开始不断发展壮大的一个源头。

函普在完颜部落娶妻生子，繁衍后代。至其四代孙绥可时，部落生产进入农耕与游猎并行时期。由于有了农耕生产，完颜部落开始了定居生活，因此经济实力有所增强。绥可死后被追赠为献祖。到绥可之子石鲁任部落首领之后，得以进一步加强对部落民众的控制，"昭祖耀武至于青岭、白山，顺者抚之，不从者讨伐之，入于苏滨、耶懒之地，所至克捷"[1]，为女真完颜部的进一步发展奠定了基础。石鲁死后被追赠为昭祖。

史称："生女直之俗，至昭祖时稍用条教，民颇听从，尚未有文字，无官府，不知岁月晦朔，是以年寿修短莫得而考焉。"[2]时人又称：生女真源自黑水靺鞨，至辽代，"地方千余里，人户十余万，无大君长，亦无国名，止是族帐散居山谷间，自推豪杰为酋长，小者千户，大者数千户，盖七十二部落之一也。僻处契丹东北隅，臣属一百余年，世袭节度使，兄弟相传，周而复始"[3]。这正是女真完颜部落生活在昭祖石鲁时的发展状况。

到石鲁之子乌古乃时，才开始使用辽朝纪年。乌古乃生于辽圣宗太平元年（1021年），时当辽代中期，从这时开始，女真完颜部落的势力有了较大发展。乌古乃生有九子，皆为完颜部落的发展起到重要作用。这时的乌古乃，利用辽朝的势力，进一步扩大对周边部落的兼并活动，并逐渐发展和巩固自己的武装力量。"生女直旧无铁，邻国

[1][2]《金史》卷一《世纪》。
[3]《大金国志》卷四十附录《金志》。

有以甲胄来鬻者，倾赀厚贾以与贸易，亦令昆弟族人皆售之。得铁既多，因之以修弓矢，备器械，兵势稍振，前后愿附者众。斡泯水蒲察部、泰神忒保水完颜部、统门水温迪痕部、神隐水完颜部，皆相继来附。"[1]乌古乃就是在征伐周围部落的战争之后而亡故的，死后被追赠为景祖。

乌古乃死后，其第二子劾里钵、第四子颇刺淑、第五子盈歌相继担任部落首领。这时在各个女真部落之间的兼并战争不断加剧，这一方面锻炼了完颜部落的战斗力，经过一系列的苦战，使他们的战斗力有了极大提高；另一方面，则是使他们占有的地盘不断扩大。史称："自景祖以来，两世四主，志业相因，卒定离析，一切治以本部法令，东南至于乙离骨、曷懒、耶懒、土骨论，东北至于五国、主隈、秃答，金盖盛于此。"[2]文中的"两世四主"指景祖乌古乃与其三子，即世祖劾里钵、肃宗颇刺淑、穆宗盈歌。"金盖盛于此"则指女真完颜部落的崛起是乌古乃父子的功劳。

盈歌死后，完颜部落的首领一职由劾里钵长子乌雅束担任。阿骨打为乌雅束之弟，在穆宗时即屡立战功，及乌雅束掌管部落事务之后，仍然忠心耿耿，辅佐其兄。乌雅束时部落发生灾荒，"民间多逋负，卖妻子不能偿，康宗与官属会议，太祖在外庭以帛系杖端，麾其众，令曰：'今贫者不能自活，卖妻子以偿债。骨肉之爱，人心所同。自今三年勿征，过三年徐图之。'众皆听令，闻者感泣，自是远近归心焉"[3]。民众的拥戴更加巩固了阿骨打的统治地位。及乌雅束死后，被追赠为康宗，阿骨打遂接任了部落首领的位置。在他的带领下，女真各部落正式开展了对抗辽朝的斗争。

二、阿骨打的抗辽斗争

女真在初期发展阶段，主要是不断壮大自己部落的力量，并利用辽朝的势力来打击周围的部落，而加以兼并，进一步壮大自己。到了辽朝末年，女真完颜部落的发展越来越迅速，力量越来越壮大，而辽朝的统治却越来越腐败，对女真各部落的剥削压迫越来越重，在这种情况下，女真民众在完颜部落的带领下，起而反抗辽朝的剥削压迫，最终导致了辽朝的灭亡。

[1][2]《金史》卷一《世纪》。
[3]《金史》卷二《太祖纪》。

黑龙江省阿城区金上京会宁府遗址　张晨声 摄影

　　乌雅束死后，辽朝使臣阿息保前来，几次刁难阿骨打，由此结怨。是时，"辽主好畋猎、淫酗，怠于政事，四方奏事，往往不见省"[1]，文中的"辽主"即指辽天祚帝，在位二十五年。而受他重用的阿息保同样无能，只知道欺压女真民众，虽对于面临的危险也有所察觉，却没有给予足够的重视，只是略加戒备。

　　随着与辽朝的关系日益紧张，阿骨打开始鼓动部落民众起来一起公开反抗辽朝。阿骨打向部众说："辽人知我将举兵，集诸路军备我，我必先发制之，无为人制。"[2]他的观点得到部众和女真贵族们的支持。于是，在他继任部落首领的1114年九月，率领两千五百人的部队开始向驻守在宁江州（今吉林省扶余市石头城子）的辽朝军队发动进攻。经过一番激战，取得胜利，同年十月，攻占宁江州。这是阿骨打起兵反辽所获得的第一次胜利。

　　经过这次战斗，阿骨打认识到，他已经有了正面与辽朝对抗的实力。更为重要的是，通过这次战斗，阿骨打开始组建自己的常备武装力量。"初命诸路以三百户为谋克，十谋克为猛安。"[3]史称"猛安

[1][2][3]《金史》卷二《太祖纪》。

谋克"制度。这个制度是一种兵民合一的制度。平时，女真百姓从事农业和游猎生产；战时，则按照部落组织成猛安、谋克的军事单位，参与战争。这种制度，在此后的元朝蒙古部落和清朝满族部落的崛起过程中，皆有过使用，并取得了相当不错的效果。

不久，辽朝派遣大将萧糺里等率十万大军前来镇压，双方主力在出河店（今黑龙江肇源县境内）相遇，经过激烈战斗，阿骨打再次获胜。"俄与敌遇于出河店，会大风起，尘埃蔽天，乘风势击之，辽兵溃。逐至斡论泺，杀获首虏及车马甲兵珍玩不可胜计，遍赐官属将士，燕犒弥日。辽人尝言女直兵若满万则不可敌，至是始满万云。"[1]文中"女直"即指女真，"直"字为"真"字的避讳字。这场战斗，彻底扭转了女真与辽朝之间的力量对比，表明阿骨打领导的女真部落有了直接抗衡辽朝军队的力量。

对于这次战斗，辽朝方面也有记载："十月壬寅，以守司空萧嗣先为东北路都统，静江军节度使萧挞不也为副，发契丹奚军三千人，中京禁兵及土豪二千人，别选诸路武勇二千余人，以虞候崔公义为都押官，控鹤指挥邢颖为副，引军屯出河店。两军对垒，女直军潜渡混同江，掩击辽众。萧嗣先军溃，崔公义、邢颖、耶律佛留、萧葛十等死之，其获免者十有七人。"[2]文中"萧嗣先"，即《金史》中所称之"萧糺里"。这次战斗中的辽朝兵力不是十万人，而是七千人，其中正规军三千人、杂牌军四千人。

萧嗣先战败后，由于有其兄萧奉先为他说情，并没有受到严厉责罚，仅仅免去官职，因此带来了极其恶劣的影响。史称："诸军相谓曰：'战则有死而无功，退则有生而无罪。'故士无斗志，望风奔溃。"[3]战士丧失了斗志，比打几场败仗更加可怕。这也是辽朝在此后与金朝的斗争中最终败亡的根本原因。

当时的女真军队的组织结构虽然较为原始，但其战斗力已经十分强悍。"初，女真之叛也，率皆骑兵。旗帜之外，各有字号小木牌，系人马上为号，五十人为一队。前二十人全装重甲，持枪或棍棒；后三十人轻甲操弓矢。每遇敌，必有一二人跃马而出，先观阵之虚实，或向其左右前后，结阵而驰击之。百步之外，弓矢齐发，无不中者。胜则整阵而复追，败则复聚而不散。其分合出入，应变若神，人人皆

[1]《金史》卷二《太祖纪》。
[2][3]《辽史》卷二十七《天祚帝纪》。

自为战，所以胜也。"[1]与之相比，这时的辽朝军队已经不再是女真军队的对手。

阿骨打在抗辽斗争中，特别突出了辽朝对女真的压迫，以此来激励女真民众的抗辽斗志，又许以丰厚的奖赏，因此能在以少对多的战争中获胜。如阿骨打第一次正式对辽朝军队的战斗之前，对众誓师称："汝等同心尽力，有功者，奴婢部曲为良，庶人官之，先有官者叙进，轻重视功。苟违誓言，身死梃下，家属无赦。"[2]由此而取得了宁江州大捷，士气大振。

三、金朝建立及灭辽战争

阿骨打在连续取得两场战斗的胜利之后，遂于翌年（1115年）元旦，在众多文臣武将的拥戴之下，即位称帝，建年号为收国，建国号为大金，金朝由此建立。这时在金朝担任要职的，皆是阿骨打的亲属。"阿骨打初起兵，皆以宗族近亲为将相。其主兵者曰晋国王宗维，盖阿骨打从兄之子（其祖曰劾阂，乃阿骨打伯父）。所谓国相粘罕满也（晟之世为左副元帅，亶之世领三省事）。其主谋者曰陈王希尹，亦阿骨打之疏族，于属为子，所谓兀室也（亶之世为左丞相，诛死）。又其次曰鲁国王昌，乃阿骨打之从弟，所谓挞懒也（亶之世为左副元帅，诛死）。又其次曰娄宿（晟之世为陕西诸路选锋都统。曰撒离喝，亶之世为左副元帅，诛死）。皆女真人，不知其属族之远近。"[3]在金朝建立之后，重中之重的目标就是要推翻辽朝的统治，以获得自己生存的合法权利。而对于辽朝来说，消灭阿骨打这个敌对势力，则是当务之急，为此，辽天祚帝不惜甘冒严寒，御驾亲征。就在阿骨打即位称帝的时候，辽天祚帝也下诏亲征。但是，天祚帝对于这个可怕的敌人并没有足够的重视，下诏以后又过了半年多，才从围场罢猎，正式调动大军出征。

这一次的出征，辽朝做了比较充分的准备。天庆五年（1115年）八月，"以围场使阿不为中军都统，耶律张家奴为都监，率番、汉兵十万，萧奉先充御营都统，诸行营都部署耶律章奴为副，以精兵二万为先锋。余分五部为正军，贵族子弟千人为硬军，扈从百司为护卫军，北出骆驼口；以都点检萧胡睹姑为都统，枢密直学士柴谊为副，

[1]《契丹国志》卷十《天祚皇帝上》。
[2]《金史》卷二《太祖纪》。
[3]宋人李心传：《建炎以来朝野杂记》卷十九《乙集·边防》。

[1][2]《辽史》卷二十八《天祚帝纪》。
[3]《金史》卷二《太祖纪》。

将汉步骑三万，南出宁江州。自长春州分道而进，发数月粮，期必灭女直"[1]。既然是亲征，这次调动仅仅是一个前奏。

同年十一月，天祚帝又"遣驸马萧特末、林牙萧察剌等将骑兵五万、步卒四十万、亲军七十万至驼门"。十二月，"戊申，亲战于护步答冈，败绩，尽亡其辎重"[2]。从这一年的正月天祚帝下诏亲征，到十二月与金军主力决战，过了将近一年的时间，辽军的效率之差由此显现。此外，虽然辽军在数量上占据了绝对优势，但是在斗志和战斗力方面，却差得太多，失败是很合理的结果。而天祚帝想以此战消灭女真部落的计划从此成为泡影。

而这次阿骨打能够召集来的军队只有两万人，金军在他的指挥下，井然有序，"使右翼先战。兵数交，左翼合而攻之。辽兵大溃，我师驰之，横出其中。辽师败绩，死者相属百余里。获舆辇帟幄兵械军资，他宝物马牛不可胜计"[3]。这场护步答冈（今黑龙江五常市境内）战斗的胜利，不仅使阿骨打获得了巨额战利品，更使辽、金战争出现了一个历史性的转折点，辽朝从进攻转为节节败退，金朝则从拼死防守转为不断进攻，直至攻灭辽朝。

辽上京遗址古城墙——仅存夯土层，内蒙古赤峰市巴林左旗　视觉中国　供图

　　在这里，还有一个小插曲，即阿骨打改年号和上尊号的问题。据《金史》记载，收国二年（1116年）十二月，"谙班勃极烈吴乞买及群臣上尊号曰大圣皇帝，改明年为天辅元年"[1]。又据《辽史》记载："是岁，女直阿骨打用铁州杨朴策，即皇帝位，建元天辅，国号金。杨朴又言，自古英雄开国或受禅，必先求大国封册，遂遣使议和，以求封册。"[2]文中的"是岁"，不是指收国二年，而是指天辅元年（1117年），也就是说，金朝的建立是在天辅元年，而不是收国元年。并且，阿骨打把辽朝视同大国，并遣使"以求封册"。

　　就在这个时候，阿骨打大败辽军的消息传到了宋朝，于是，与辽朝世代结仇的宋朝派出使者来到辽东，与阿骨打取得联系，希望能够双方联手，共同攻灭辽朝。金人称：天辅元年（1117年）正月，"宋使登州防御使马政以国书来，其略曰：'日出之分，实生圣人。窃闻征辽，屡破勃敌。若克辽之后，五代时陷入契丹汉地，愿界下邑。'"[3]宋人则称：重和元年（1118年）二月，"遣武义大夫马政由海道使女真，约夹攻辽"[4]。同一件事，在时间上却相差一年，金朝比宋朝早了一年。如果说宋朝记载比金朝早，可以说这一年使者马政是在路上，合情合理。但是金朝记载却早一年，这就有问题了。

　　又有史料称："（天辅元年）是春，宋遣其使马政来约夹攻辽。先是宋建隆以来，女真自其国之苏州泛海至登州卖马，故道犹存。去夏，有汉儿郭药师者泛海来，具言女真攻辽事，宋遣马政同药师讲买马旧好，由海道入苏州，至其国阿骨打所居阿芝川涞流河，问遣使之由。政对以'贵朝在建隆时讲好已久，今闻贵朝攻破辽国五十余城，欲与贵朝复通前好，共行吊伐'。阿骨打与粘罕共议数日，遂质登州小校六人，遣渤海人李善庆、生熟女真二人，赍国书并北珠、生金、貂革、人参、松子为贽。"[5]这里讲明，宋朝知道阿骨打大败辽军的事情，是通过郭药师之口。

　　还有史料称："天辅元年十二月，宋主遣登州防御使马政来曰：'日出之分，实生圣人。窃闻征辽，屡败勃敌。若克辽之后，五代时所取燕、云、两京地土，愿界下邑。'二年正月乙巳，宋使马政回。遣索多报聘，与宋约夹攻燕、西二京，随得者取其地。"[6]这次宋、金通使之后，经过几次来往，最后约定，双方联手攻打辽朝，以长城

[1][3]《金史》卷二《太祖纪》。
[2]《辽史》卷二十八《天祚帝纪》。
[4]《宋史》卷二十一《徽宗纪》。
[5]《大金国志》卷一《太祖武元皇帝上》。
[6]《大金吊伐录》卷一《与宋主书》。

辽代　银鎏金冠　首都博物馆藏　韩朴　摄

为界，长城以北由金朝攻占，长城以南由宋朝攻占。因为使臣往来皆通过山东半岛至辽东的海路，故而史称这次约定为"海上之盟"。

在阿骨打看来，宋朝的军事力量是非常强大的。有这个强大的盟军一起攻伐辽朝，结果是完全不一样的。于是，阿骨打在做了一系列的准备工作之后，在天辅四年（1120年）五月，正式出兵，发动攻打辽朝的战争。他首先进攻的目标就是辽上京（今内蒙古巴林左旗境内），经过一番激战，攻占了上京城。在完颜宗干等人的劝说下，班师而回。此后，阿骨打派遣大将轮番进攻辽朝，迫使天祚帝西逃。

到天辅六年（1122年）六月，阿骨打见攻灭辽朝的时机已经成熟，决定再次亲征，并下诏称："朕顺天吊伐，已定三京，但以辽主未获，兵不能已。今者亲征，欲由上京路进，恐抚定新民，惊疑失业，已出自笃密吕。其先降后叛逃入险阻者，诏后出首，悉免其罪。若犹拒命，孥戮无赦。"[1]文中所称"已定三京"，指金朝已经攻占了辽上京、辽中京及辽东京，未攻下者为辽南京（又称燕京，今北京）及辽西京（今山西大同）。

经过三个多月的追捕，辽天祚帝西逃的速度太快，金军追之不及。于是，阿骨打决定转攻辽南京。"十二月，上伐燕京。宗望率兵七千先之，迪古乃出得胜口，银术哥出居庸关，娄室为左翼，婆卢火为右翼，取居庸关。丁亥，次妫州。戊子，次居庸关。庚寅，辽统军都监高六等来送款。上至燕京，入自南门，使银术哥、娄室阵于城上，乃次于城南。辽知枢密院左企弓、虞仲文，枢密使曹勇义，副使张彦忠，参知政事康公弼，金书刘彦宗奉表降。"[2]文中的"妫州"即今北京延庆一带。燕京原是"海上之盟"应该由宋朝军队攻占的地方，宋朝出动大军却没有能攻占，如今被金军兵不血刃就攻占了。

翌年五月，阿骨打开始从燕京回师。六月，他已经感到身体不

[1][2]《金史》卷二《太祖纪》。

内蒙古赤峰,辽上京遗址　视觉中国 供图

适,在途中召见皇弟吴乞买。八月,吴乞买赶到行在,三日后,阿骨打逝世。金熙宗时追谥为"应乾兴运昭德定功睿神庄孝仁明大圣武元皇帝",庙号太祖,陵号睿陵。阿骨打在位时虽然没有捉拿到辽天祚帝,但是已经推翻了辽朝的统治,并为金朝的进一步发展奠定了坚实的基础。

第二节　完颜亮的家世

太祖阿骨打建立金朝之后,整个统治集团中的成员基本上皆是完颜部落的贵族,有亲有疏,却都为金朝的建立而拼命厮杀,其中,又以阿骨打的兄弟和子侄们的作用最为重要。阿骨打在建立金朝的过程中,并没有设置嫡长子继承皇位的制度。这个制度的缺失,导致了整个金朝在历史发展进程中,贵族之间为争夺皇位而仇杀不断,也就导致了政治局势的动荡不安。已经得到皇位的人要时刻防备别的女真贵族抢夺皇位;而没有得到皇位的人也往往结党营私,共谋皇权。

在金朝的皇位继承制度中,父死子继和兄终弟及的两种现象是并存的,因此,皇位继承关系中的嫡、庶之别也就很少受到重视。谁的权力大,谁的参与程度就越高,话语权也就越大。在这种情况下,决定皇位继承因素的人员中,女真贵族的参与程度要比普通官员大许多，而皇族成员又要比大多数女真贵族大得多。完颜亮的父亲完颜宗干，作为金太祖的庶长子，在金朝前期的朝廷政务变化进程中，有着极为重要的影响。

完颜亮出生在金朝一个非常显赫的家庭。他的祖父是金太祖阿骨打，乃金朝的最主要创立者。他的父亲斡本（又称完颜宗干），是阿骨打的庶出长子，封梁宋国王，自金太祖至金熙宗时，一直在朝廷中有着极大的权势。金太祖死

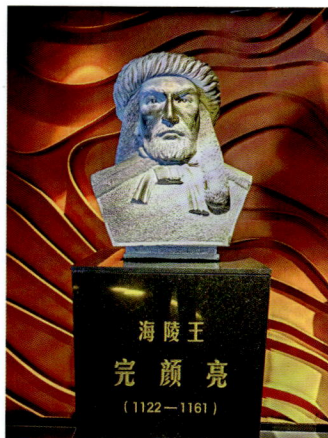

海陵王完颜亮塑像　首梦 摄影

后，金太宗和金熙宗的即位，都和他有着极为密切的关系。完颜亮得到皇位之后，后人曾追封他为金德宗。完颜亮被弑后，金世宗又把他降封为辽王。

而作为斡本的庶出长子，完颜亮在成年之后，也就在金朝政府中占有十分重要的地位。由于金朝女真贵族之间的矛盾斗争很激烈，在他的政治生涯中也屡经风险，却在一个偶然的政治事件中成为幸运者，得到皇权。但是，也是在女真贵族之间的斗争中，他最后成了牺牲品，没有能够实现统一全国的伟大政治抱负，在攻伐南宋的战争中身败名裂。

一、金朝的政治体制与皇位继承制度

金太祖阿骨打在建立金朝的过程中，由于刚刚脱离部落联盟的原始政治体制，加上与辽朝的争夺日益频繁，使得他很难有时间来考虑建设一个较为完备的政治体制。一直到他死去，攻灭辽朝的战争也尚未结束。而在立国的过程中，许多重要的制度又是不得不建立起来的。因此，这些制度也就受到更多原始部落政治因素的极大影响，而这也就为金朝初期的发展带来了当时的时代特色。

对刚刚建立的金朝而言，主要有两项工作：其一，是对战争的指挥与管理；其二，是对政务的管理与执行。由于先是面对辽朝，后是面对宋朝，因此，对军事的谋划及落实就被放在了首要的位置。在与辽朝的战争中，逐渐形成了猛安谋克制度，这一制度帮助

女真军队战胜了辽朝军队，但是，仅有这样的军事组织是远远不够的，需要进一步加以完善。

　　当时的人对金国建立初期的军事制度加以描述，称："金国凡用师征伐，上自大元帅，中自万户，下至百户，饮酒会食，略不闲列，与父子兄弟等，所以上下情通，无闭塞之患。国有大事，适野环坐，画灰而议。自卑者始，议毕即漫灭之，不闻人声。军将行，大会而饮，使人献策，主帅听而择焉。其合者，即为特将，任其事。暨师还战胜，又大会，问有功者，随功高下支赏，举以示众，薄则增

大兴安岭地区是女真的发祥地之一，图为大兴安岭（内蒙古兴安盟）　耿大鹏 摄影

[1]《大金国志》卷三十六《兵制》。
[2]《金史》卷四十四《兵志》。
[3]《金史》卷二《太祖纪》。
[4]《金史》卷五十五《百官志》。

之。"[1]这是最原始的攻击行动，在阿骨打与辽朝军队的激战中，这种状态会不断得到改善。

阿骨打建立金朝之后，首先就要加强对军队的管理。史称："凡猛安之上置军帅，军帅之上置万户，万户之上置都统。然时亦称军帅为猛安，而猛安则称亲管猛安者。燕山既下，循辽制立枢密院于广宁府，以总汉军。太宗天会元年，以袭辽主所立西南都统府为西南、西北两路都统府。三年，以伐宋更为元帅府，置元帅及左、右副，及左、右监军，左、右都监。"[2]至此，金朝的军事管理制度基本得到完善。

与此同时，金朝的政治制度也在不断完善。在阿骨打刚刚当上部落首领的时候，"太祖袭位为都勃极烈"。而当他在收国元年（1115年）分封兄弟子侄时称："以弟吴乞买为谙班勃极烈，国相撒改为国论勃极烈。辞不失为阿买勃极烈，弟斜也为国论昃勃极烈。"[3]由此可见，阿骨打当时仍然称"都勃极烈"，而不是皇帝。因此，其他官职也是以某某勃极烈而命名。

史称："金自景祖始建官属，统诸部以专征伐，巍然自为一国。其官长，皆称曰勃极烈，故太祖以都勃极烈嗣位，太宗以谙版勃极烈居守。谙版，尊大之称也。其次曰国论忽鲁勃极烈，国论言贵，忽鲁犹总帅也。又有国论勃极烈，或左右置，所谓国相也。其次诸勃极烈之上，则有国论、乙室、忽鲁、移赉、阿买、阿舍、昃、迭之号，以为升拜宗室功臣之序焉。"[4]只是文中有一点没有提到，谙版（即谙班）勃极烈不仅有"尊大"之意，实际上就是皇位的继承人。这套制度，是从金景祖乌古乃时期就开始建立了。

阿骨打建立的金朝第一套领导班子，完全是"自己人"，即女真完颜部落的贵族集团，而没有"外人"。阿骨打自任都勃极烈。吴乞买是他的弟弟，任谙班勃极烈。撒改是他大伯父的儿子，任国论勃极烈。辞不失是他堂兄弟（金昭祖石鲁之孙），任阿买勃极烈。斜也（即完颜杲）是他的弟弟，任国论昃勃极烈。正是中国古代社会中"亲亲尊尊"的真实写照，血缘关系越亲的人越尊贵。

在这个时期还有一点是值得注意的，即部落首领已经实行的是世袭制度。而这时的世袭制度并不是使用的"嫡长子继承制"。景祖乌

古乃死后，传位于其子世祖劾里钵，劾里钵死后，却没有传位于其长子乌雅束，而是传给了弟弟颇剌淑。颇剌淑死后，也没有传位于自己的儿子，而是传给了弟弟盈歌。直到盈哥死后，才又传位给劾里钵之子乌雅束。而乌雅束死后，则传位给弟弟阿骨打。

既然部落首领的承袭制度是混杂了父死子继和兄终弟及的两套体系，那么，当阿骨打建立金朝之后，在皇位的继承制度方面，也就没有树立嫡长子继承制。当阿骨打死后，很自然地就把皇位传给了弟弟吴乞买。虽然这时吴乞买并没有在他身边，阿骨打也要把吴乞买召来，托付后事。正是因为阿骨打没有确立嫡长子继承制这个重要的政治制度，也就使得此后金朝在历史发展进程中屡屡出现对皇位的争夺。自金太祖至金末帝的9位皇帝中，即有金熙宗、海陵王、卫绍王这3位皇帝被弑，这个比例在中国古代的朝代中是很高的。

二、完颜宗干的政绩及影响

金朝初期的发展处于部落联盟的状态中，因此，各个部落的首领以及他们的亲属就发挥着极为重要的作用。俗语称："打虎亲兄弟，上阵父子兵"，讲的就是血缘关系在生死搏斗中的重要作用。在金朝完颜部落发动的反抗辽朝的战争中，阿骨打的兄弟、子侄就都是拼命效力的一群人。而在这群人中，完颜宗干又发挥着特别重要的作用。

女真崛起之初，与辽朝的军事对抗是最主要的任务。这时的完颜宗干紧随太祖阿骨打，转战四方。几次重大战斗，包括宁江州之战、达鲁古城之战、攻克辽上京及辽中京之战等，他都立下了汗马功劳。例如，在追捕逃亡之中的辽天祚帝时，完颜杲任主帅，他任副帅，"是时，希尹获辽人，知辽主在鸳鸯泺，可袭取之。杲不能决。宗翰使再至"。经过宗干的再三劝说，"既会军于羊城泺，杲使宗干与宗翰以精兵六千袭辽至五院司。辽主已遁去"[1]。由于完颜杲多疑不决，错失了一次捕获辽帝的机会。

[1]《金史》卷七十六《完颜宗干传》。

夹袍 黑龙江省阿城区巨原乡城子村金代齐国王墓出土

陈列于哈尔滨金太祖陵的《攻克辽上京》壁画　张晨声　摄影

金太祖死后，在金太宗即位的问题上，完颜宗干发挥了重要作用。是时，"国论勃极烈杲、郓王昂、宗峻、宗干率宗亲百官请正帝位，不许，固请，亦不许。宗干率诸弟以赭袍被体，置玺怀中"[1]。在完颜宗干的主持下，演出了一场"黄袍加身"的闹剧，使得金太宗"不得不"即位称帝。文中的"赭袍"即深红色的袍子，应该就是金太祖的皇袍。中原王朝的帝王以黄色为最尊贵，而女真帝王当时是以赭色为最尊贵。

由于支持金太宗即位，完颜宗干的地位有了极大提升。"太宗即位，宗干为国论勃极烈，与斜也同辅政。天会三年，获辽主于应州西余睹谷。始议礼制度，正官名，定服色，兴庠序，设选举，治历明时，皆自宗干启之。四年，官制行，诏中外。"[2]天会三年（1125年），辽帝被俘，辽朝灭亡。而在完颜宗干和完颜杲（即文中的"斜也"）的辅助下，金朝的一系列政治制度得以初步建立。

从金太祖到金太宗，是金朝政治制度确立的重要时期，而这个确立过程，除了完颜宗干等人的支持外，也是与辽朝降金官员的支持密切相关的。"初，太祖定燕京，始用汉官宰相赏左企弓等，置中书省、枢密院于广宁府，而朝廷宰相自用女直官号。太宗初年，无所改更。及张敦固伏诛，移置中书、枢密于平州，蔡靖以燕山降，移置燕京，凡汉地选授调发租税皆承制行之。故自时立爱、刘彦宗及

[1]《金史》卷三《太宗纪》。
[2]《金史》卷七十六《完颜宗干传》。

企先辈，官为宰相，其职大抵如此。斜也、宗干当国，劝太宗改女直旧制，用汉官制度。天会四年，始定官制，立尚书省以下诸司府寺。"[1]金太宗即位后，原来是想把皇位传给自己的弟弟完颜杲，并让其担任谙班勃极烈一职。但是，完颜杲在天会八年（1130年）死了，对于让谁来继任接班人一事久而未决，引起众多女真贵族的议论。两年后，"左副元帅宗翰、右副元帅宗辅、左监军完颜希尹入朝，与宗干议曰：'谙班勃极烈虚位已久，今不早定，恐授非其人。合剌，先帝嫡孙，当立。'相与请于太宗者再三，乃从之"[2]。文中的"合剌"即金熙宗完颜亶，正是在完颜宗干的支持下，金熙宗得以继任谙班勃极烈。

另一说曰："初，太宗以斜也为谙班勃极烈，天会八年，斜也薨，久虚此位。而熙宗宗峻子，太祖嫡孙，宗干等不以言太宗，而太宗亦无立熙宗意。宗翰朝京师，谓宗干曰：'储嗣虚位颇久，合剌先帝嫡孙，当立，不早定之，恐授非其人。宗翰日夜未尝忘此。'遂与宗干、希尹定议，入言于太宗，请之再三。太宗以宗翰等皆大臣，义不可夺，乃从之，遂立熙宗为谙班勃极烈。"[3]不论是完颜希尹，还是完颜宗翰的提议，最终都是在完颜宗干的支持下才得以落实。

金太宗死后，金熙宗即位，朝中大事皆由完颜宗翰、完颜宗磐和完颜宗干三人执掌，而宗磐因系金太宗长子，故而在朝中专横跋扈，其气势甚至在金熙宗之上。及完颜宗翰死后，完颜宗磐与金太祖之子完颜宗隽、太祖堂兄弟完颜昌（即挞懒）相互勾结，排挤完颜宗干。宗干遂在金熙宗的支持下，除去宗磐等人。"其后宗磐、宗隽、挞懒谋作乱，宗干、希尹发其事，熙宗下诏诛之。"[4]从而巩固了金熙宗的统治。这件事在当时的金朝政坛上影响极大。

完颜宗磐集团被清除后，金朝的发展进入了一个相对稳定的时期。"熙宗在位，宗翰、宗干、宗弼相继秉政，帝临朝端默。虽初年国家多事，而庙算制胜，齐国就庆，宋人请臣，吏清政简，百姓乐业。"[5]文中的"初年国家多事"就是指的完颜宗磐专权跋扈之事。而最终除去宗磐的首位功臣则是完颜宗干。

正是因为完颜宗干在支持金熙宗即位，以及除去完颜宗磐的威胁等重大问题上的功劳，使得金熙宗对他极为宠信。及宗干有病，"上

[1]《金史》卷七十八《韩企先传》。
[2]《金史》卷四《熙宗纪》。
[3]《金史》卷七十四《完颜宗翰传》。
[4]《金史》卷七十六《完颜宗磐传》。
[5]《金史》卷六十三《后妃传》。

女真文字 视觉中国 供图

金代 左村河谋克印 黑龙江省博物馆
藏 视觉中国 供图

及后同往视，后亲与宗干馈食，至暮
而还。因赦罪囚，与宗干襄疾"。而
宗干死后，"上哭之恸，辍朝七日。
大臣死辍朝，自宗干始。上致祭，是
日庚戌，太史奏戊亥不宜哭，上不听
曰：'朕幼冲时，太师有保傅之力，
安得不哭。'哭之恸。上生日不举
乐"[1]。由此可见，金熙宗对完颜宗干
的情感是很深的，已经超过了普通的君臣关系。

完颜宗干在生前被金熙宗封为太师、梁宋国王。死后，海陵王在
得到皇权时将其追谥为"宪古弘道文昭武烈章孝睿明皇帝，庙号德
宗，以故第为兴圣宫"。文中的"故第"就是完颜宗干在金上京的故
居。及海陵王完颜亮被弑之后，金世宗即位，在将完颜亮废为庶人的
同时，又将完颜宗干的帝号削去，"封为皇伯、太师、辽王，谥忠
烈，妻子诸孙皆从降"[2]，使他回到了金熙宗时的地位。

完颜亮作为完颜宗干的庶长子，生活在一个权势显赫的家庭，这
对于他在人生的道路上的进一步发展提供了远远超过普通人的优越环
境。而一次偶然的机遇（指金上京的宫廷政变）又把他推到了历史舞
台的中心，这在绝大多数人的人生旅程中是十分幸运的。但是，完颜
亮在抓住这个机遇、充分发挥才干的同时，却又做出了一些错误的决
策，最终导致了自己走向灭亡。

[1][2]《金史》卷七十六《完颜
宗干传》。

第二章 宫廷政变

　　自从金太祖阿骨打定都金上京（今黑龙江哈尔滨境内）以后，这里就成为金朝的第一个统治中心，历经四朝（即太祖、太宗、熙宗及海陵王），在金朝前期的历史发展进程中发挥了重要的作用。及海陵王迁都燕京之后，遂将这里废毁。金熙宗被弑的宫廷政变就发生在这里。

　　这里是女真民众世代生活的地方，自然环境很好，有长白山和黑龙江，自然资源十分丰富。但是，气候较寒冷，并不适合人们的居住，交通也不甚便利，中原地区的人们要想来到这里，必须长途跋涉，历尽艰辛。由于交通的闭塞，也就使得文化交流十分缓慢，导致社会结构长期处于原始部落状态。

黑龙江 张晨声 摄影

金朝建立之后，居住在这里的女真贵族们，仍然受到原始部落政治因素的较大影响。在有危难的时候，这些部落贵族首领会联合起来，共同对抗敌人，解除危难。但是，在获得丰厚的物质利益的时候，则会因为分配的不均（实际上也不可能有绝对的均匀）而互相争斗，乃至互相残杀。金上京的宫廷政变，就是这种互相残杀的结果。

在金太宗执政时期，完颜亶是利益分配的最大获益者。及他即位之后，金太宗之子完颜宗磐为了争夺更大的利益而直接威胁到了金熙宗完颜亶的统治，故而被以谋反的罪名诛杀。此后，金熙宗"乱杀"宗亲贵族的做法又威胁到了身边的一些大臣，使他们人人自危，最终给自己带来了杀身之祸。而完颜亮则成为这场宫廷政变的最大获益者。他的即位，直接影响到金朝的历史进程，也给中国古代社会发展带来较大影响。

第一节　金熙宗的政绩

如果说，金太祖、金太宗是金朝建立后的第一代领导，那么，金熙宗、金海陵王和金世宗则是金朝的第二代领导。如果说，金太祖和金太宗时期是女真从原始部落制向中原王朝的转变时期，那么，金熙宗到金海陵王在位时期则是这个转变的完成时期，也就是中原王朝政治体制的完善时期。金世宗时期则是对这种体制的守成时期。

如果从文化和血缘的角度来看，金太祖和金太宗是第一代人，他们生活在较为单纯的女真文化环境中。而金熙宗、金海陵王和金世宗从血缘角度来看是第三代人，从文化角度来看则是第二代人，他们已经完成了从女真文化向汉文化的转变过程。这个过程是和金朝政治制度的改革与完善密切联系在一起的。此后，这种"汉化"状态一直延续到金朝末年。

金熙宗的即位，是这个"汉化"过程的正式开始，经过他在位十几年的治理，为"汉化"奠定了较为坚实的基础，并为金海陵王的进一步深化改革提供了便利条件。就个人因素而言，金熙宗虽然也想要实行"嫡长子继承制"的皇位继承办法，但是他一直没有成年子嗣来继承皇位。这也是他晚年暴躁、多疑、嗜杀的一个重要原因，最后却给他带来了个人的悲剧。但金朝的发展并没有因此受到阻碍，而是推向了一个新的阶段。

一、金熙宗的即位

金熙宗完颜亶在金朝前期的征战中并没有立下什么战功，在谋略方面也没有什么突出的表现，却能够在金太宗在位时被立为皇储，并在金太宗死后得以登基称帝，如果仅仅凭借金太祖嫡孙的身份，是很难做到的。他的父亲死得早，而诸位伯伯、叔叔（包括堂伯、堂叔）又都是征战多年的功臣，面对皇帝的宝座，又有几人不眼红呢？最终金熙宗即位，则是在诸多女真贵族的争夺中，经过相互之间的利益平衡而得到的结果。

时人曾经这样形容完颜亶："亶幼而聪达，贯综经业。喜文辞，威仪早有大成之量，太宗深所爱重。所与游处，尽文墨之士，有未居显位者，咸被荐擢，执射赋诗，各尽其所长以为娱。适既登储位，人望颇归。时粘罕诸帅皆大父行，潜萌窥觎，幸而豫有江上之请，大兵不在其掌握。太宗崩，传位于亶，犹称天会十三年。"[1]通过描述可知，这时的完颜亶已经没有了女真尚武斗勇的剽悍之气，而是身边"尽文墨之士"的仿佛汉家少年。他即位时年仅十六岁，相当于今天初中毕业不久的少年。

金代四帝雕像（金太祖、金太宗、金熙宗、海陵王），白山·黑水·海东青——黑龙江古代文明之光，黑龙江省博物馆 FOTOE 供图

[1]《大金国志》卷九《纪年·熙宗孝成皇帝》。

实际上，完颜亶的即位并不是一帆风顺的事情。早在天会十年（1132年），金太宗与完颜宗干等人议立皇储人选时，即曾有过争议。金太祖阿骨打在死前应该有过继承皇位的协议，即阿骨打死后传位给皇弟吴乞买，吴乞买死后传位给皇弟斜也（即完颜宗杲），斜也死后再传位给阿骨打之子绳果（即完颜宗峻）。没想到斜也和绳果都在吴乞买在位时就死了，失去了继承皇位的机会。这就让金太宗吴乞买有了约定之外的不同选择。

选择之一，是让太祖其他的儿子，如完颜宗干、完颜宗隽、完颜宗弼等来作为皇位继承人，这个选择是金太宗不愿意的。选择之二，是让他自己的儿子，如完颜宗磐、完颜宗固、完颜宗本等人来当皇位继承人，这是他愿意却遭到其他女真贵族反对的。选择之三，则是让太祖之孙——完颜宗峻之子完颜亶（所谓嫡长孙）来当皇位继承人。面对这些选择，金太宗已经思考了两年多，却仍然无法做出决断。于是就有了天会十年的女真贵族高层协商。

一方面，是众多女真贵族已经为争夺皇位公开表态，特别是完颜宗磐，他作为金太宗长子，又立下赫赫战功，是争夺皇位的最有力者，并公开提出要继承皇位，另一方面，则是诸多掌握实权的女真贵族（特别是金太祖诸子）反对让完颜宗磐当接班人。而这时吴乞买的身体开始出现较为严重的病情，已经不允许他再继续拖延下去，必须尽快做出决断。

时人对此有一段描述："吴乞买病，其子宗磐称是金主之元子，合为储嗣。阿孛宗干称，系是太祖武元长孙合依元约作储君。"在双方争议不休时，完颜亶的老师范正图对金太宗说："臣请为筹之。初太宗约称，元谋弟兄轮足，却令太祖子孙为君。盟言犹在耳。所有太祖正室慈惠皇后亲生男绳果早卒，有嫡孙喝罗，可称谙版孛极烈，以为储。"[1] 显然，金朝虽然没有固定的皇位继承制度，却有盟约在，这是金太宗不能传位给自己儿子的最大障碍。文中的"喝罗"即指金熙宗完颜亶，他的女真名字称为"合剌"，对音有不同写法，"喝罗"即其中的一种。

而当时的完颜亶只是一个少年，很容易受到控制，不像完颜宗磐，已经很难控制，并且十分强势。因此，其他重要的女真贵族，

[1]《三朝北盟会编》卷一百六十六引《神麓记》。

如粘罕（即完颜宗翰）、兀室（即完颜希尹）等人皆支持立他作为储君，再加上完颜宗干的支持，最终金太宗只得同意诸人的意见。后人曾对

辽代文物鞢躞带 韩朴 摄影

金太宗评价曰："天辅草创，未遑礼乐之事。太宗以斜也、宗干知国政，以宗翰、宗望总戎事。既灭辽举宋，即议礼制度，治历明时，缵以武功，述以文事，经国规摹，至是始定。在位十三年，宫室苑御无所增益。末听大臣计，传位熙宗，使太祖世嗣不失正绪，可谓行其所甚难矣！"[1]这个评价还是较为客观的。特别是"传位熙宗"，更是十分难得的。

金熙宗的即位，使得女真贵族中的第二代人（即"宗"字辈的诸人）失去了登上皇位的机会。对于这种情况，有些人是心甘情愿的，如完颜宗干，他是把金熙宗当成儿子一样抚养的。还有些人是不甘心却又无奈，最后不得不希望在辅立金熙宗的过程中获取最大利益，如完颜宗翰、完颜宗辅、完颜希尹等人即是如此。又有一些人则是在争不到皇位的情况下不得不承认既定事实，如金太宗的诸子完颜宗磐、完颜宗固、完颜宗本等人。

金熙宗的即位，使金朝的发展进入了一个新的时期。随同金太祖打江山的一大批文臣、武将在这个时期都陆续故去了（有些是老病而死，有些则是被清洗镇压了）。而对金太宗一系女真贵族的清洗也是从熙宗开始的，一直延续到海陵王时期。而从金熙宗即位开始，中国北方地区的民族融合有了进一步的发展，不论是在区域范围的拓展方面，还是文化融合的纵深方面，到海陵王时皆达到了一个高峰。此后的金世宗和金章宗时期，则是对金熙宗和海陵王时期的延续，而在这个过程中，尤以海陵王的贡献最为突出。

二、金熙宗的各项重要举措

金熙宗即位之后，虽然朝中大权掌握在完颜宗翰、完颜宗磐和完 [1]《金史》卷三《太宗纪》。

颜宗干的手中，但是他也采取了许多重要的举措，推进了金朝政治制度的不断完善。其中，尤以追加诸帝谥号、确定都城、建造宫殿、颁行官制、重定行政建置、订立朝仪、祭孔崇文、制定历法、推行科举、使用女真小字、建立太庙等坛庙设施等文化建设的力度最大。

早在金熙宗即位前，金太宗时就已经开始有追尊谥号、庙号的举措。天会三年（1125年），也就是在阿骨打死后三年，才在大臣完颜杲等人的建议之下，追谥阿骨打为"大圣武元皇帝"，庙号太祖。但是，这时仅为阿骨打一人加尊谥号及庙号，还没有成系统的追谥举措。及金熙宗即位后，才开始逐渐完备这项制度。

天会十三年（1135年），金太宗逝世，金熙宗即位不久，就下令"上尊谥曰文烈皇帝，庙号太宗"[1]。同年九月，金熙宗又下令，追谥其父完颜宗峻为景宣皇帝，庙号徽宗。这时的追谥举措，已经带有明显的政治色彩，用以表明完颜亶的即位是从金太祖、金徽宗一直到自己一脉相承的合法地位。

翌年八月，金熙宗又在完颜宗磐和群臣的支持下，追尊金朝始祖以下六代为帝王，计有：1.第一代函普为景元皇帝，庙号始祖。2.始祖之子乌鲁为德皇帝。3.德帝之子跋海为安皇帝。4.安帝之子绥可为定昭皇帝，庙号献祖。5.献祖之子石鲁为成襄皇帝，庙号昭祖。6.昭祖之子乌古乃为惠桓皇帝，庙号景祖。

金上京皇城遗址 上京皇城建于天会二年（1124年），仿造北宋都城汴梁（今河南省开封市）皇城建造，坐落在南城偏西处。图为皇城午门遗址

[1]《金史》卷三十二《礼志》。

到天会十五年（1137年），金熙宗又续谥景祖以下诸帝，共有四位。即：1.景祖之第二子劾里钵为圣肃皇帝，庙号世祖。2.世祖之弟颇剌淑为穆宪皇帝，庙号肃宗。3.肃宗之弟盈歌为孝平皇帝，庙号穆宗。4.世祖长子乌雅束为恭简皇帝，庙号康宗。[1]再往下接续的，就是太祖、太宗及徽宗了。

在金熙宗时，又追加诸帝皇后、贵妃等尊号，以示褒扬。这与追谥帝王有异曲同工之妙。帝王的追谥，可以证明新帝王即位的合法性，故而有些女真贵族宗王虽然没有当过皇帝，也被追谥为帝王。皇后亦是如此，有些皇妃因为生下的儿子继承了皇位，成为帝王，故而其在生前仅是贵妃，死后却被追尊为皇后。

与帝王及后妃的追谥举措相互配套的，则有太庙的建造。在中国古代，帝王祭祀祖先的祠庙称为太庙。史称："金初无宗庙。天辅七年九月，太祖葬上京宫城之西南，建宁神殿于陵上，以时荐享。自是诸京皆立庙，惟在京师者则曰太庙。"[2]而史又称，金熙宗曾在上京建造太庙，始于皇统三年（1143年），五年以后竣工。

在金熙宗建造太庙之前，历史文献显示，上京已有太庙。如天会

[1] 以上皆见《金史》卷一《世纪》。
[2]《金史》卷三十《礼志》。

香山寺 刘海 摄影

十四年（1136年）八月，金熙宗即下令："定始祖、景祖、世祖、太祖、太宗庙皆不祧。"[1]而在皇统元年（1141年）正月，完颜宗干率百官为金熙宗上尊号之后，"遣上京留守奭告天地社稷，析津尹宗强告太庙"[2]。最迟在这一年，社稷坛和太庙就已经建好了，并且开始举行一些隆重的礼仪活动。

金熙宗采取的另一项重大政治举措则是定都城、建宫室。他在追谥列祖列宗，完成了金朝的"合法"世系体制之后，即着手进一步完善金朝的都城制度。这个过程，又是与皇宫的建造密切联系在一起的。天眷元年（1138年）四月，金熙宗下令："命少府监卢彦伦营建宫室，止从俭素。"同年八月："以京师为上京，府曰会宁，旧上京为北京。"[3]这是金朝第一个首都的定名。

在都城体制方面，金朝大致沿袭了辽朝的模式。辽朝行用五京之制，东京为辽阳，南京为燕京，西京为大同，又有上京及中京。金熙宗时的东、南、西三京皆使用辽朝的名称，只是辽朝五京之中没有北京，金朝初年仍用上京、中京的名称。当金熙宗把金朝的首都称为上京之后，就把辽上京改称为金北京，以避免与金上京相互混淆。这样，仍然是五京之制，而金上京却位于北京之北，而不是在东、西、南、北其他四京的中间位置。

金太祖在定都会宁府的时候，只是称这里为"内地"，尚无都城之名称。及金太宗定都在此，并开始建有宫殿，规模仍然十分简陋。金熙宗即位后，始称之为上京，并重新加以建造。在这个建造金上京的过程中，大臣卢彦伦发挥了重要作用。卢彦伦在辽朝末年曾在临潢任职，以对抗金军。至天辅四年（1120年）投降金朝，开始受到重用。

及金熙宗建造上京宫殿时，命他主持建造工作。史称："天眷初，行少府监兼都水使者，充提点京城大内所，改利涉军节度使。未阅月，还，复为提点大内所。彦伦性机巧，能迎合悼后意，由是颇见宠用。"[4]值得注意的是，卢彦伦不仅在金上京的建设中发挥了重要作用，在此后金海陵王建造金中都时，也发挥了重要作用。

金熙宗采取的第三项重大政治举措是颁行新的官制。天眷元年（1138年）八月，金熙宗下令，颁行官制。金朝前期的官制变动是很

[1]《金史》卷四《熙宗纪》。
[2]《金史》卷三十六《礼志》。
[3]《金史》卷四《熙宗纪》。
[4]《金史》卷七十五《卢彦伦传》。

大的，从金太祖到金太宗，再到金熙宗，最后到海陵王时才告完成。
最早形成的女真部落官制，始于景祖乌古乃。史称："金自景祖始建
官属，统诸部以专征伐，嶷然自为一国。其官长，皆称曰勃极烈，故
太祖以都勃极烈嗣位，太宗以谙版勃极烈居守。谙版，尊大之称也。
其次曰国论忽鲁勃极烈，国论言贵，忽鲁犹总帅也。又有国论勃极
烈，或左右置，所谓国相也。"[1]这是最原始的部落职官制度。

金太宗即位后，在大臣完颜杲和完颜宗干的支持下，有了第一次
官制改革。史称："太宗即位，宗干为国论勃极烈，与斜也同辅政。
天会三年，获辽主于应州西余睹谷。始议礼制度，正官名，定服色，
兴庠序，设选举，治历明时，皆自宗干启之。四年，官制行，诏中
外。"[2]文中的"斜也"即完颜杲。史又称："斜也、宗干当国，劝
太宗改女直旧制，用汉官制度。天会四年，始定官制，立尚书省以下
诸司府寺。"[3]据此可知，这时的金朝官制，已经出现新旧两种制度
并存的局面。

到金熙宗即位后，又把金朝的官制改革向前推进了一步，最主要
的，是把自金景祖开始实行的女真部落旧制全部废除。而其新的官
制，则是仿照宋朝和辽朝的模式。史称："天会四年，建尚书省，遂
有三省之制。至熙宗颁新官制及换官格，除拜内外官，始定勋封食邑
入衔，而后其制定。然大率皆循辽、宋之旧。"[4]金熙宗的这第二次
官制改革，采取了一系列的配套措施。

在颁行新官制的第二年三月，金熙宗下令："命百官详定仪
制。"同年四月，命"百官朝参，初用朝服"。同年六月，金熙宗也
身体力行，"初御冠服"。到了皇统元年（1141年）元旦（即今春
节），在接受百官上尊号的同时，"初御衮冕"。正如他此后不久所
说："太平之世，当尚文物，自古致治，皆由是也。"[5]显然，这时
的金朝已经走过了征战四方、开拓疆域的时期，灭辽、灭宋之后，应
该转而关注政局的稳定、百姓的安康了。

金熙宗采取的第四项重大政治举措，是处理与辽、宋之间的关
系。金太宗在攻灭辽朝和北宋之后，将俘获的辽朝和北宋的统治者押
送回金朝，天会三年（1125年），将辽天祚帝降封为海滨王，天会六
年（1128年），又将宋徽宗降封为昏德公，其子宋钦宗降封为重昏

[1]《金史》卷五十五《百官志》。
[2]《金史》卷七十六《完颜宗干传》。
[3]《金史》卷七十八《韩企先传》。
[4]《金史》卷五十五《百官志》。
[5]《金史》卷四《熙宗纪》。

侯。这三位帝王就被金太宗供养了起来。金熙宗即位不久，宋徽宗即死去。到皇统元年（1141年）二月，金熙宗下令，"改封海滨王耶律延禧为豫王，昏德公赵佶为天水郡王，重昏侯赵桓为天水郡公"，仍然维持着对他们后人的供养。

在处理对南宋的关系时，金熙宗则采取了凌厉的手段。

其一，是将金太宗时扶立的刘豫伪齐国废除。金太宗在攻灭北宋后，为了稳定河南等地的局势，也为了和宋朝之间有一个缓冲地带，故而在完颜宗磐等人的建议下起用宋朝降臣刘豫建立齐国。金熙宗即位后，刘豫的历史作用已经消失，故而在天会十五年（1137年）十一月，金熙宗下令，"废齐国，降封刘豫为蜀王，诏中外。置行台尚书省于汴"[1]。这项举措是十分必要的。

其二，是在皇统元年（1141年）派遣大将完颜宗弼率领金军继续向南宋发动进攻，迫使宋高宗赵构不得不向金熙宗求和。这一年秋天，"都元帅宗弼伐宋，渡淮。以书让宋，宋复书乞罢兵，宗弼以便宜画淮为界"。翌年二月，"宋使曹勋来许岁币银、绢二十五万两、匹，画淮为界，世世子孙，永守誓言"。四月，"以臣宋告中外"[2]。这项"和约"的签订，应该说是金朝对宋朝斗争的一次重大胜利，也是金熙宗的一项英明决策。

[1][2]《金史》卷四《熙宗纪》。　莲花池是金中都水利系统的重要遗存　刘妹平 摄影

此外，金熙宗为了推行"文治"，还采取了一系列重要的文化措施。

其一，是颁行历法。自从唐朝末年开始，中国又一次处于分裂割据的状态，北面的辽朝和南面的宋朝各自使用不同的历法。金朝建立之后，没有使用宋朝或者辽朝的历法，而是命金朝的天文官员制定自己的历法，这

辽代银鎏金莲花纹捍腰　韩朴 摄影

项工作始于金太宗天会五年（1127年），到金熙宗即位后大致完成，天会十五年（1137年）正月，正式颁行全国。这是金朝制定的第一部历法，经过修订后一直使用到元朝初年。

其二，是颁行新的科举制度。科举取士是从隋代实行的一套选拔制度，此后历代行用，成为一项重要的政治制度。金朝崛起之初，占领辽、宋众多疆域，为了选拔人才，遂仿行唐朝和宋朝的科举制度。史称："其设也，始于太宗天会元年十一月，时以急欲得汉士以抚辑新附，初无定数，亦无定期，故二年二月、八月凡再行焉。五年，以河北、河东初降，职员多阙，以辽、宋之制不同，诏南北各因其素所习之业取士，号为南北选。熙宗天眷元年五月，诏南北选各以经义、词赋两科取士。"[1]

金熙宗在天眷元年（1138年）五月下令："诏以经义、词赋两科取士。"[2]这时的金熙宗基本上继承了金太宗的制度，并且取得了较好的社会效果。此后大定年间名士李晏曾曰："国朝设科取士，始分南北两选，北选百人，南选百五十人，合二百五十人。词赋经义入仕之人既多，所以县令未尝阙员。"[3]金熙宗时的科举制度，只是把"南北两选"合为一选。此后金海陵王时又加以变革。

三、金熙宗皇后的作用

在金熙宗登上皇位之后，有一个人对他开始产生越来越大的影响，这个人就是他的皇后裴满氏。裴满氏最初并不是金熙宗的皇后，应该只是他的妃子。《大金国志》中记载了这样一句话："大内都点检出忍质之子与国主元妃乱，并伏诛。"[4]时间是在天会十五年

[1]《金史》卷五十一《选举志》。
[2]《金史》卷四《熙宗纪》。
[3]《金史》卷九十六《李晏传》。
[4]《大金国志》卷九《熙宗孝成皇帝一》。

（1137年），而文中的"国主元妃"应该是金熙宗的第一位皇后，因为与人通奸而被杀。但是，这件事不见于其他历史文献，当存疑。

"国主元妃"被杀后的第二年四月，裴满氏被封为贵妃，同年十二月，被立为皇后，见《金史·熙宗纪》。史又称："熙宗悼平皇后，裴满氏。熙宗即位，封贵妃。天眷元年，立为皇后。"[1]这个记载与《金史·熙宗纪》是不一致的。熙宗即位是在天会十三年（1135年），而裴满氏被封为贵妃是在天眷元年（1138年），由此可见，金熙宗的第一位皇后（即国主元妃）被杀，从时间关系上来看是合乎情理的。

裴满氏的家族背景是比较显赫的，史称："金之徒单、拿懒、唐括、蒲察、裴满、纥石烈、仆散皆贵族也，天子娶后必于是，公主下嫁必于是，与周之齐、纪无异，此昏礼之最得宜者，盛于汉、唐矣。"[2]早在金太祖时封立四位皇后，其中的光懿皇后即是裴满氏，为辽王完颜宗干（完颜亮之父）的生母。由此可见，金熙宗娶裴满氏，并立其为皇后，在女真的皇家婚姻中是很正常的行为。

随着裴满氏成为皇后，裴满氏一族遂变得更加显贵。裴满氏之父裴满达，又称忽挞[3]，是女真婆卢木部的一个部落首领。金太祖时即随完颜昱征战南北，立有战功。及裴满氏成为皇后，他的地位也随之提高，"天眷元年，授世袭猛安。明年，以皇后父拜太尉，封徐国公。皇统元年，除会宁牧。居数岁，以太尉奉朝请"。[4]及裴满氏被金熙宗所杀，金海陵王又杀金熙宗，却善待他，得以寿终。

裴满氏在当了皇后之后，主要在两个方面对金熙宗产生了较大影响。第一个方面，也是较为重要的一个方面，即是干涉朝政。在金熙宗刚刚即位的时候，朝中大权主要掌握在诸位皇叔（如宗翰、宗磐、宗干、宗弼等人）手中，金熙宗只能在健全礼仪制度、官员制度等方面发挥作用。及诸位

辽代龙泉务窑白釉刻花盏托　韩朴　摄影

[1]《金史》卷六十三《后妃传》。
[2]《金史》卷一百二十《世戚传》。
[3]《金史》又作"胡挞"。
[4]《金史》卷一百二十《裴满达传》。

皇叔死后（有的老死，有的被除去），裴满氏却又开始干涉朝政。史称："帝临朝端默。虽初年国家多事，而庙算制胜，齐国就废，宋人请臣，吏清政简，百姓乐业。宗弼既没，旧臣亦多物故，后干预政事，无所忌惮，朝官往往因之以取宰相。"[1]文中"帝"指金熙宗。

当时得到裴满氏赏识的官员，以汉族大臣为多。如金初汉族大臣刘彦宗之子刘筈，早在金太祖时即归降，并开始受到重用。天眷二年（1139年），"熙宗幸燕，法驾仪仗筈讨论者为多"。此后，官拜平章政事，封吴国公。"筈自为宣徽使，以能得悼后意，致位宰相。"[2]文中的"悼后"即指裴满氏。他虽然追随裴满氏而得到重用，却也和他的才干出众、父亲刘彦宗的政治地位较高有着直接的关系。

受到裴满氏赏识的另一位汉族官员为卢彦伦。他在金太宗时就效力金朝，"天眷初，行少府监兼都水使者，充提点京城大内所，改利涉军节度使。未阅月，还，复为提点大内所。彦伦性机巧，能迎合悼后意，由是颇见宠用。岁余，迁侍卫亲军马步军都指挥使，为宋国岁元使。改礼部尚书，加特进，封郇国公"[3]。他的升迁速度是很快的。

当时也有一些人对裴满氏干涉朝政表示反对，如完颜宗贤（女真名赛里）。他与裴满氏之父忽挞一起在完颜昱部下效力，友情深厚，却不依附裴满氏。"赛里自护卫，未十年位兼将相，常感激，思自效以报朝廷。虽于悼后为母党，后专政，大臣或因之以取进用，赛里未尝附之。"[4]虽然裴满氏想排挤他，却对他没有造成太大影响。

裴满氏对金熙宗产生的第二个方面的影响，即是没有给熙宗留下子嗣，这个影响也是很大的。金熙宗登上皇位之后，以往"兄终弟及"的皇位继承制度基本上废除了，不再有谙班勃极烈的设置。因此，作为皇后的裴满氏能否生下皇子就成为金熙宗是否能有接班人的大问题。皇统二年（1142年）二月，裴满氏为金熙宗生下一子，称完颜济安，金熙宗大喜，立刻下令，"以皇子生，赦中外"[5]。终于有了接班人。但是，同年十二月，皇子济安却夭折了，这让金熙宗和裴满氏都非常伤心。

此后，裴满氏未能再为金熙宗生下儿子。更加糟糕的是，裴满氏自己没再生育，却又尽量不让其他妃子生育。对皇朝忠心耿耿的完颜

[1]《金史》卷六十三《后妃传》。
[2]《金史》卷七十八《刘筈传》。
[3]《金史》卷七十五《卢彦伦传》。
[4]《金史》卷七十《完颜宗贤传》。
[5]《金史》卷四《熙宗纪》。

宗贤曾建议金熙宗广立嫔妃，以求多子，却遭到裴满氏忌恨。"皇太子济安薨，魏王道济死，熙宗未有嗣子，赛里劝熙宗选后宫以广继嗣，不少顾忌于后，后以此怨之。"[1]魏王道济是金熙宗贤妃所生，又被金熙宗所杀。

在长期没有皇位继承人的境况下，金熙宗的情绪受到很大影响，变得性情暴躁，随意杖责大臣，滥杀无辜，"纵酒酗怒，手刃杀人"。最后，裴满氏也在他的一怒之下被杀害，"又杀德妃乌古论氏、妃夹谷氏、张氏、裴满氏"[2]。裴满氏的所作所为，不仅给自己引来杀身之祸，还导致金熙宗也被弒身亡。

第二节　金朝贵族矛盾的激化

起初，金太祖阿骨打率领女真民众对辽作战是出于反抗；而后，他与宋朝勾结灭辽，既有反抗的性质，也有掠夺的性质。再到金太宗即位后进行的灭辽、灭宋战争，金朝统治者已经彻底成为掠夺者。

在前期反抗辽朝时，女真的部落首领们是立场一致的，都是为了获得生存的空间而殊死搏斗，他们之间很少有矛盾，是齐心合力的。而到了灭辽、灭宋的时候，女真贵族们的目标已经不一样了，有些是为了保有既得利益，而有些则想获得更大的利益，他们的立场已经不一致了，甚至出现矛盾和分歧。在分歧不断加大、矛盾日益激化的情

金上京皇城二殿遗址

[1]《金史》卷七十《完颜宗贤传》。
[2]《金史》卷六十三《后妃传》。

况下，内部斗争已经成为朝廷中的第一件大事，牵扯到每一个重要的女真贵族成员，使得他们不可能置身事外。

矛盾和分歧纷乱无序，但是归根结底，只有一个，就是已经获得利益的再分配。而谁的权力越大，谁得到的利益就越多。这时的王朝利益已经和个人利益（包括小集团的利益）之间出现了异化。有些人甚至为了个人利益而不惜损害王朝利益。因此，女真贵族之间的矛盾斗争就已经和整个王朝的发展联系在了一起。

而在女真贵族们的内部斗争中，对皇权的争夺自然成为重中之重的焦点。而自金太祖以来的皇位继承制度的混乱，又给这种对皇权的争夺增添了无数的变化，并出现了无序的混乱状态。而这种混乱的结果，就变成了各个皇族派系之间的残酷杀戮，血亲骨肉之间的猜忌，更甚于普通的政府官员，而最终导致了一个个皇族派系遭到灭顶之灾，金熙宗是如此，金海陵王也是如此。他们不仅是杀戮者，同时也变成了牺牲者。

一、女真贵族之间的矛盾及金熙宗的处置

在众多女真贵族的势力中，又以金太祖、金太宗两个族系的势力最大。据《金史》记载，金太祖共生有十六个儿子，金太宗共生有十四个儿子，这是第二代，再往下，则是第三代和第四代的子女们，更是数不胜数。金太祖立国，金太宗续位，其诸子皆立有汗马功劳，权势也是不相上下。及金太宗死，皇位传到金太祖嫡孙完颜亶手中，自然使得金太祖的子孙们在利益争夺方面占尽优势。而随着争夺利益的矛盾愈加激化，最终演变为生死之战。

早在金熙宗即位之前，金太祖一脉女真贵族就与金太宗一脉在皇位继承人（即谙班勃极烈）的问题上出现过矛盾斗争，金熙宗的即位，就是双方斗争妥协的结果。金熙宗在即位之初，手中尚无实权，很难处理双方的矛盾。在经过五年的历练之后，他的皇位已经坐稳，皇叔伯一辈的实权派有些已经死去，于是，他开始着手来解决统治集团内部的矛盾斗争，并除去有威胁的政敌。

金熙宗着手处理的第一批政敌是在金朝崛起之时投降的辽朝官员（主要是将领）。这些人大多数是在金太祖时投降金朝的，并在金朝

山西朔州崇福寺，金熙宗年间扩建，海陵王完颜亮于天德二年（1150年）题额"崇福禅寺"　　FOTOE 供图

灭辽的战争中发挥过较大作用，又在金朝攻灭北宋的战争中出力不少，他们中的一些人由此而享有较高的待遇。但是，他们毕竟不是女真贵族，随着政局的发展变化，他们能够发挥的作用越来越少。

早在金太祖时，这批投降金朝的辽朝将领就有着时叛时降的举动，如其代表人物耶律余睹，就曾在金太祖时反复无常，遭到金太祖的警告，并且在金太宗时最终被以谋反的名义除去。及金熙宗即位后，这批辽朝的降将还有一部分留在金朝政府内，是一股不安定因素，必须除去。于是，在天眷二年（1139年）六月，其代表人物耶律吴十就被以谋反的罪名诛杀。对于这件事的起因及过程，相关的金朝文献记载极为简略，只知道系由金朝武将徒单恭的举报，吴十被杀。经过这次事件，辽朝投降金朝的人士已经不见踪迹。

金熙宗着手处理的第二批政敌是金太宗的子孙们，即以完颜宗磐为首。在处理这批人员的过程中，显然与第一批人员完全不同，金熙宗是很费了一番手段的。首先，他是对金太祖、金太宗和其他女真贵族的子孙加以封王，使他们心存感激，放松戒备。如天会十五年（1137年）七月，封皇叔完颜宗隽（太祖之子）、完颜宗固（太宗之子）等为王。同年十月，又封皇叔祖完颜昌（挞懒）为鲁国王、皇叔完颜宗弼（太祖之子）为潘王。天眷元年（1138年）十月，"封叔宗强为纪王，宗敏邢王，太宗子斛鲁补等十三人为王"[1]。这些被分封的女真贵族是很高兴的。

但是，对于这些被封王的许多人而言，不到一年的时间，就倒在了金熙宗的刀下。翌年七月，金熙宗下令，以"谋反"的罪名将完颜宗磐、完颜宗隽等人诛杀。在除掉完颜宗磐等人的过程中，以完颜宗干、完颜希尹为主谋，穆宗之子完颜勖、撒改之子完颜宗宪、宗室贵族完颜宗永等一批非太祖、太宗派系的女真贵族皆参与其事。

完颜宗磐等人的被除去，当然不是因为"谋反"，而是因为权势过大，甚至有凌驾皇权之势。在一些重大的政治决策中，完颜宗磐等人基本上不考虑金熙宗的想法，而是自作主张。如在处理与宋朝的关系问题上，与完颜宗磐一党的挞懒"先荐刘豫，立为齐帝，至是唱议以河南、陕西与宋，使称臣。熙宗命群臣议，宗室大臣言其不可。宗磐、宗隽助之，卒以与宋"[2]。这种做法，甚至比"谋反"更加令人不能忍受。而在除去完颜宗磐、完颜宗隽等人之后，金熙宗在政治决策方面有了更多的话语权，并使其皇位更加牢固。

但是，金熙宗并没有就此罢手。一个月后，再次以镇压"谋反"为名，将金太宗之子挞懒、鹘懒等人全部诛杀。再过一个月，金熙宗下令，"降封太宗诸子"[3]。也就是把一年前刚刚被封王的金太宗诸子的王号削去。经过这两次大清洗，金太宗在朝廷中有权有势的子孙就全都被以"谋反"之名消灭了。其他无权无势的太宗子孙得以苟全性命。

金熙宗是个生性多疑的人，他在被扶上皇位之后，对于那些在朝中掌有权势者皆有着极强的戒备心理，并且必欲除之而后快。他在除去金太宗诸子的势力之后，又把目标瞄准了帮他除去政敌的完颜希尹。完颜希尹的资历很老，"自太祖举兵，常在行阵，或从太祖，或从撒改，或与诸将征伐，比有功"。此后金太祖又命他制作第一代女真字，并加以行用。金熙宗即位时，他就已经

[1]《金史》卷四《熙宗纪》。
[2]《金史》卷七十六《太宗诸子传》。
[3]《金史》卷四《熙宗纪》。

金中都城墙遗址公园内的石雕，北京丰台区凤凰嘴村 FOTOE 供图

官至尚书省左丞相，又助完颜宗干共除完颜宗磐之党，应该是金熙宗的大功臣。

但是，完颜希尹却在天眷三年（1140年）九月，受到谮言而被赐死。金熙宗的诏书称："帅臣密奏，奸状已萌，心在无君，言宜不道。逮燕居而窃议，谓神器以何归，稔于听闻，遂致章败。"[1]也就是说，在有人告密的情况下，告他私议金熙宗无子嗣，这就成为他被赐死的原因。同时被杀的还有他的儿子和尚书省右丞萧庆等人。

金熙宗在除去辽朝降臣、金太宗诸子、女真贵族权臣之后，又利用汉族大臣之间的矛盾兴起大狱，将田珏等人诛杀。金朝初年，有一批汉族大臣（包括辽朝的和宋朝的）归降金朝，并逐渐得到重用。其中，辽朝降臣韩企先权势较大，田珏等人在其手下效力。而宋朝降臣蔡靖、蔡松年父子虽然也作为文士得到任用，却受到田珏等人鄙视，由此产生积怨。

皇统六年（1146年），宰臣韩企先病故，田珏等人失去支持，蔡松年、许霖、曹望之等人鼓动完颜宗弼，于翌年六月，"杀横海军节度使田珏、左司郎中奚毅、翰林待制邢具瞻及王植、高凤廷、王倣、赵益兴、龚夷鉴等"[2]。这次大狱，共牵扯政府官员三十余家。史称："及田珏党事起，朝省为之一空。"[3]虽然主使者为完颜宗弼，但是必须经过金熙宗同意，才能够落实。

从天眷二年（1139年）到皇统七年（1147年），仅仅八年之间，金熙宗屡兴大狱，诛杀权贵及朝臣，确实在一定程度上解决了皇权与女真贵族、辽朝及宋朝降臣之间的矛盾。但是，这种通过诛杀政敌的手段只能在表面上解决一些问题，却无法从根本上解决矛盾。金熙宗的诛杀手段带来的恐怖高压，只能使矛盾隐藏得更深，最后爆发出来的危害也就会更大。

二、金上京的政变过程及结果

金熙宗在除去许多政敌的情况下，不仅没有放松心态，反而由于受到皇后裴满氏的牵制，变得更加暴躁。多疑的品性，再加上残暴的行为，使得他虽然巩固了皇权，却也得罪了身边的一大群人，这些人随时都会受到死亡的威胁。在这种情况下，就连他的皇后、嫔妃、儿

[1]《金史》卷七十三《完颜希尹传》。
[2]《金史》卷四《熙宗纪》。
[3]《金史》卷八十一《伯德特离补传》。

子都陆续遭到诛杀，那些身边人要想自保，必然会联手将他除去，由此而导致了金上京的宫廷政变。

在金熙宗诛杀的身边人中，许多是与皇位继承问题有直接的关系。被他第一个诛杀的是皇子道济。皇统二年（1142年）二月，皇后裴满氏生下济安，金熙宗大喜，一个月后，皇子济安被册封为皇太子（而不是谙班勃极烈）。但是，在同年十二月，皇太子济安却夭亡了。翌年三月，金熙宗又将宫女所生之皇子道济封为魏王，养入皇宫，并将宫女封为贤妃，由此可见，这是金熙宗想把道济立为皇储的一种做法。

但是，仅仅过了一年多，在皇统四年（1144年）八月，魏王道济却被金熙宗一怒之下杀掉了。道济的生母是谁？生母的家庭背景如何？道济被杀时有多大年龄？被杀的原因又是什么？这一系列的谜团，因为没有丝毫的历史文献记载，大概永远也解不开了。唯一有可能的是，这一切皆与皇后裴满氏有牵连。只有她才不愿意看到道济继承皇位，也只有她才能够激怒金熙宗，把他亲生的儿子杀死。而被杀的道济当时也应该只是一个不到十岁的儿童。

被金熙宗第二个诛杀的身边人是他的亲弟弟胙王完颜元（又名常胜），连带被杀的则有他的另一个亲弟弟查剌，以及大臣完颜宗礼等人。在这一次被杀的诸人中，第一个遇害的是文臣完颜宗礼。皇统七年（1147年）四月的一天，金熙宗在皇宫便殿举办宴会，他这时已经喝醉了，"酌酒赐（完颜）元，元不能饮，上怒，仗剑逼之，元逃去。命左丞宗宪召元，宗宪与元俱去，上益怒，是时户部尚书宗礼在侧，使之跪，手杀之"[1]。这件事，只是金熙宗与完颜元之间的酒桌闹剧，完颜宗礼却变成了无辜的冤死鬼。

第二个遇害的是武将萧荣。皇统九年（1149年）五月，史称："武库署令耶律八斤妄称上言宿直将军萧荣与胙王元为党，诛之。"[2]这个事件又是一个谜。遍查《金史》，相关的两个人耶律八斤和萧荣，只有这一条记载。至于二人的履历、二人的关系，以及萧荣如何与完颜元勾结，没有一点线索。

最后，就是皇弟完颜元、查剌等人的被杀，这更是一个由金熙宗和他的政敌完颜亮联手造成的大冤狱。冤狱的起因是一个小人物，

[1]《金史》卷六十九《太祖诸子传》。
[2]《金史》卷四《熙宗纪》。

河南军士孙进，自称"皇弟按察大王"而发动叛乱。因为金熙宗的弟弟只有胙王完颜元和查剌，因此他怀疑这次叛乱牵扯到完颜元，因此特别派遣护卫将军特思前去河南开封调查此事。经过特思的调查，回京报告金熙宗，认为孙进的谋叛与完颜元没有关系。

但是，完颜亮知道这是陷害完颜元的难得机会，又知道金熙宗已经对完颜元起了疑心，遂向金熙宗上谮言，说特思在审讯中庇护了完

金代 琉璃鸱吻 北京辽金城垣博物馆藏
苟潇 摄影

颜元。"熙宗以为然，使唐括辩、萧肄按问特思，特思自诬服，故出常胜罪。于是，乃杀常胜及其弟查剌，并杀特思。"[1]这次冤狱的时间是在皇统九年（1149年）十月。在杀掉完颜元等人之后，金熙宗下令大赦，是否代表有所忏悔之意，就不得而知了。

在屡次诛杀身边人之后，金熙宗的屠刀砍向了皇后裴满氏。史称："久之，熙宗积怒，遂杀后，而纳胙王常胜妃撒卯入宫继之。"[2]一方面，是金熙宗对裴满氏积怨已深；另一方面，则是金熙宗又有了新欢，他把刚刚杀掉的胙王完颜元的妃子撒卯占为己有。在杀掉皇后裴满氏不久，即爆发了金上京的宫廷政变，金熙宗也被弑了。

据《金史》记载，这次宫廷政变的主持者有三人，即完颜亮、完颜秉德和唐括辩。而参与其事者，则有完颜言和大兴国，以及侍卫徒单阿里出虎和仆散忽土。在金熙宗皇统年间，完颜亮、完颜秉德和唐括辩位居要职，因此，三人曾经为除掉金熙宗预谋已久。而在三人之中，以完颜秉德的权位最大，唐括辩与金熙宗的关系最亲，而完颜亮的血统最尊贵。因此，三人在这次宫廷政变中所起的作用是不同的。

最初的宫廷政变谋划者为完颜秉德、唐括辩和完颜言，又由完颜言出面找到完颜亮，然后才有完颜亮的参与。而在政变当天晚上，也是由完颜秉德牵头，史称："遂与唐括辩、乌带、忽土、阿里出虎、

[1]《金史》卷六十九《完颜元传》。
[2]《金史》卷六十三《后妃传》。

大兴国、李老僧、海陵妹夫特厮，弑熙宗于寝殿。秉德初意不在海陵，已弑熙宗，未有所属，忽土奉海陵坐，秉德等皆拜称万岁。杀曹国王宗敏、左丞相宗贤。时秉德位在海陵上，因被杖怨望谋废立，而海陵因之以为乱。"[1]这段文字包含了几个重要信息。

其一，参与这次政变的共有八人。其二，文中"秉德初意不在海陵"一句指出，这次宫廷政变的主谋者是完颜秉德，并不是为了推举完颜亮即位，只是没有合适人选，最后把完颜亮推上皇位。其三，把完颜亮推上皇位的是仆散忽土，他早年是因为受到完颜亮的父亲完颜宗干的恩惠才得以出任宿卫长之职，当然要推举完颜亮登上皇位。其四，完颜秉德虽然权势很大，又是这次政变的主谋，但是，他的出身并不尊贵，没有取代金熙宗的资格，因此不得不把完颜亮推上皇位。

在这次金上京的宫廷政变中，唐括辩也发挥了极为重要的作用。首先，他娶了金熙宗的女儿代国公主，是金熙宗的女婿，自然也是金熙宗最信任的少数人之一。其次，这次政变定在皇统九年（1149年）十二月九日，也应该是唐括辩的主意。因为这一天代国公主要为被杀的母亲裴满氏做佛事，唐括辩遂以此为由把逆党召集在一起而不会引人注意。再次，是入宫谋逆的过程中，唐括辩成为叛逆者们的通行证。"至夜，辩等以刀藏衣下，相随入宫。门者以辩驸马不疑，皆内之。至殿门，直宿护卫觉之，辩举刀呵之使无动。既弑熙宗，立海陵，辩为尚书右丞相兼中书令，封王，赐钱二千万、绢千匹、马牛各三百、羊三千，并铁券。"[2]可以说，这次政变得以顺利进行，正是因为唐括辩以驸马身份欺骗了很多金熙宗的护卫。

另有一种说法，认为在这次宫廷政变中，大兴国发挥了重要作用，而主谋则是完颜亮。事先经过完颜亮做了大量工作，大兴国才同意参与政变，"乃约十二月九日夜起事。兴国取符钥开门，矫诏召海陵入。夜二更，海陵、秉德等入。熙宗常置佩刀于御榻上，是夜兴国先取投榻下，及乱作，熙宗求佩刀不得，遂遇弑"[3]。这两种说法皆有道理，且并不矛盾，故而一并言之。

经过这次宫廷政变，唯一的受害者就是金熙宗，而得到最大利益者则是完颜亮。因此，后人把这次政变直接与完颜亮联系在一起是情有可原的。由于金熙宗的滥杀无辜，他的身边人不得不起而反抗，这

[1]《金史》卷一百三十二《完颜秉德传》。

[2]《金史》卷一百三十二《唐括辩传》。

[3]《金史》卷一百三十二《大兴国传》。

[1]《大金国志》卷十二《熙宗孝成皇帝四》。

也是情有可原的。这次金上京的宫廷政变，成为金朝历史发展的重要转折点，在金海陵王完颜亮的带领下，金朝历史进入了另一个新的发展时期。

三、对金熙宗的评价

金熙宗在金朝前期的帝王中，确实有其特色，时人称："熙宗自为童时聪悟，适诸父南征中原，得燕人韩昉及中国儒士教之，后能赋诗染翰，雅歌儒服，分茶焚香，弈棋象戏，尽失女真故态矣。视开国旧臣，则曰：'无知夷狄。'及旧臣视之，则曰：'宛然一汉户少年子也。'自即位已来，左右儒臣谄谀成风，禁卫尊严，后宫盛色，旧日元勋将相，多所疏摈，而骨肉之间邪心始起。"[1]由此可见，他在金朝初期的上层女真贵族中，是受到中原地区农耕文化影响最大的，也就是"汉化"最深的帝王之一。

由此而产生了文化上的歧异，他开始对那些尚未"汉化"，或者说是"汉化"不深的女真贵族产生了鄙视心理，所谓的"无知夷

在金中都近郊，建有多处行宫，在西北郊玉泉山上，建有芙蓉殿行宫。图为昆明湖与玉泉山　　立新 摄影

狄"，有两层含义。
第一层，是无知。中
原地区的农耕文化博
大精深，经过千百年
来的文化积累，形成
了一个十分完整的
庞大体系。在许多方
面，与女真当时的文
化相比，确实占有明
显的优势。从金太祖
到金熙宗，许多女真

杂剧砖雕 山西省稷山县马村金代段氏2号墓出土。杂剧是
各种滑稽表演、歌舞的俗称，金元时称为院本

贵族都在积极学习这种农耕文化。只是金太祖、金太宗把更多的时
间、精力投入到扩张势力范围的战争与权力争夺之中去了，只能用很
少的时间和精力来学习中原文化。而金熙宗则是自幼就接触到了农耕
文化，耳濡目染，在不知不觉间就学到了很多东西，自然会认为自己
比起那些整天骑马射箭的女真首领的知识要多得多。

第二层，则是金熙宗开始有了"华夷"之辨。中原地区的民众对
周边地区生活的少数民族民众常以东夷、南蛮、西戎、北狄称之，简
称或是统称则有蛮夷、蛮狄、夷狄等。金熙宗自己就是女真少数民族
中的一员，也就是中原民众嘴里所说的夷狄。但是，他在经过长期农
耕文化的熏陶之后，再用农耕文化的眼光来看仍然保留女真文化的其
他金朝贵族，自然会感觉到两种文化之间的差异，并对女真文化产生
了鄙视的心理。

金熙宗即位后，就开始着手用农耕文化来改造以女真文化为主体
的金朝各项制度。这种改造，是从金太宗时就开始了，延续到他这
里，又往后延续到金海陵王即位之后，才大致完成。这种文化改造，
涉及了金朝的各个方面，从对祖先的追加谥号及庙号，到太庙和社稷
坛的设置；从皇位继承制度的改变，到官吏任用制度的确立；从科举
制度的实行，到女真大字和小字的推广；等等。通过这一系列的改
革，把金朝的历史进程向前推动了一大步。

金熙宗作为一位少数民族帝王，在执政的过程中也难免会有一些

不足之处，有些是局限在个人的修养方面，另有一些则是受到客观环境的影响，由此而造成的错误，是在所难免的。作为一个普通人来讲，这样的错误是很常见的；但是作为一个帝王，犯下这样的错误就会造成极为严重的后果，甚至影响到整个王朝的发展轨迹，以及个人的生死荣辱。

例如，金熙宗的性情暴躁、残忍多疑，显然是个人修养方面的极大欠缺。这种性格在普通人中并不少见，但是对统治整个国家的帝王而言，就会带来致命的弊病。性情暴躁，在一个普通家庭中最多造成家庭暴力事件频发，最终的结果也只是家庭的解体。而在一个国家的权力机构中，这种帝王的暴躁，往往使得朝廷大员受到不应有的严厉责罚，甚至会导致滥杀无辜。金熙宗的所作所为就是如此。金上京的宫廷政变不是出于政治决策方面的严重分歧，而只是朝中大员自卫防范的结果。

又如，金熙宗与皇后裴满氏的关系极为不协调，是导致他性情暴躁的一个直接原因。而由此引发的另外两个因素，在中国古代的历史上则很常见。其一，是皇后专权与外戚干政。皇后裴满氏的专权导致金熙宗忠、奸不分，奸臣当道，也是间接导致金上京宫廷政变的一个重要因素。其二，是太子早夭，皇后妒忌旁系之子。因为这个原因，使得金熙宗变得更加暴躁，滥杀无辜，最后连裴满氏也不能幸免。

后人在撰写《金史》的时候对他有一个评价称："熙宗之时，四方无事，敬礼宗室大臣，委以国政，其继体守文之治，有足观者。末年酗酒妄杀，人怀危惧，所谓前有谗而不见，后有贼而不知，驯致其道，非一朝一夕故也。"[1] 这个评价，对金熙宗而言还是比较客观的。

[1]《金史》卷四《熙宗纪》。

第三章　初显政绩

金上京的宫廷政变以后，完颜亮正式登上历史舞台，站在中心，成为主角。他与金熙宗一样，都是女真的第三代子弟，受到与金熙宗一样的教育。更准确地说，是金熙宗受到和完颜亮一样的教育。因此，两个人的文化修养也是大致相同的。时人称："幼时名孛烈，汉言其貌类汉儿。好读书，学弈象戏、点茶，延接儒生，谈论有成人器。既长，风度端严，神情闲远，外若宽和，而城府深密，人莫测其际。"[1]这段描述，既有褒，也有贬，只是看人们去如何理解。

完颜亮在登上皇位之后，充分发挥了自己的才干。通过他的一系列举措不难看出，他是一位有作为、有远大抱负的帝王。在他执政的十几年间，做出了一系列重大的决策，并且把这些决策雷厉风行地加以落实，推动了金朝不断向前发展。由于他的迁都举措，使得北京地区的历史发展出现质的飞跃，并且对后世产生了极其深远的影响。

完颜亮为了统一全国，发动了对南宋的大规模战争。这场战争，不仅给金朝和南宋的百姓带来了巨大灾难，而且对他自己也是一个更大的灾难，导致他被弑身亡。完颜亮企图统一全国的愿望虽然是好的，但是，客观条件并不成熟，也就导致了他的南伐战争必然失败的惨痛结果。在他死后，金世宗即位，因为与他积怨已深，故而对他大加贬斥，直至废为庶人。但是，完颜亮在位时期所采取的各项重要举措，却被金世宗继承下来，得以延续发展。历来暴死之君身后皆无美名，海陵王完颜亮也是如此。

第一节　在政治上的举措

在中国古代，一位帝王就是一位政治家。不论你是明君还是暴君，是大有为于天下，还是昏庸无能之辈，都是政治家，都与政治脱不开关系。或者是带领国家走向兴盛，或者是走向衰亡，责任之大，绝非普通百姓可与之相比的。也有双重性格的帝王，在治理国家方面

[1]《大金国志》卷十三《海陵炀王上》。

井井有条，而在个人生活方面却放荡不羁，二者并不一致，金海陵王完颜亮就是这样的一位帝王。

在中国古代的帝王中，完颜亮的作用很特殊，他既不像汉武帝、唐太宗那样流芳百世，也不像秦始皇、隋炀帝那样饱受争议。虽然在他死后被金世宗降为海陵炀王，又降为庶人，但是他的所作所为却仍然有许多可圈可点之处，确实推动了金朝历史在向前发展。正是由于他推行的种种举措，为金世宗及金章宗的盛世奠定了坚实的基础。

一、对政务的处置

完颜亮能登上皇位，不是由于继承权的顺利落实，而是由诸多偶然因素综合在一起才带来的结果。当然，其中的一项偶然因素，是他积极参与了金上京的宫廷政变，才得登上皇位。另一项偶然因素，则是他的父亲完颜宗干是金太祖的庶长子，是嫡长子之下的第一人，而完颜亮又是完颜宗干的庶长子，地位和权势都是其他人不可与之相比的。第三项偶然因素是金熙宗的生母变成了完颜亮的继母，这就使得金熙宗和完颜亮从小就生活在一个家庭中，这也就使得金熙宗在滥杀无辜的时候始终没有对完颜亮下手。因此，完颜亮夺得皇权虽然有一定风险，却不是必须要取代金熙宗的。

但是，完颜亮的上台毕竟是通过金上京的宫廷政变，故而他在一上台之后，就要为自己正名，也就是要树立自己的合法地位。他正名的第一项举措就是为亲生父母上尊号。金上京的政变是十二月九日发生的，他在奖励完参与政变的诸人之后，于十二月二十七日下令："追谥皇考太师宪古弘道文昭武烈章孝睿明皇帝，庙号德宗，名其故居曰兴圣宫。"翌年正月又下令："尊嫡母徒单氏及母大氏皆为皇太后，名徒单氏宫曰永寿，大氏宫曰永宁。"[1] 文中的"皇考"即完颜宗干，"徒单氏"是完颜宗干的正妻，"大氏"则是完颜亮的生母，这两位皆在世，故而并封为皇太后。

完颜亮用于正名的第二项举措，就是为自己上尊号及册立皇后与皇太子。天德二年（1150年）二月，"群臣上尊号曰法天膺运睿武宣文大明圣孝皇帝，诏中外"。同年九月，"立惠妃徒单氏为皇后"。因为完颜亮在金熙宗死后就把皇统九年改称天德元年，故而这一年只

[1]《金史》卷五《海陵纪》。

金朝在中都城东北郊大兴土木，营造离宫，命名为大宁宫，原水域改称太液池（今北海），"太液秋风"为"燕京八景"之一。
图为太液池与琼华岛　　陈乾　摄影

有二十天，天德二年二月，据金上京的宫廷政变仅过了两个多月。

至于完颜亮何时册封的第一个皇太子，《金史》中没有明确记载，应该也是在天德二年册封皇后以后，即封皇子崇王完颜元寿为皇太子。天德三年（1151年）十二月，史称："是岁，子崇王元寿薨。"接着，翌年正月，"群臣请立皇太子，从之。"一个月后，"立子光英为皇太子"，并诏告天下。关于完颜元寿，《金史》中有两条重要信息。第一条，他是最早封王的皇子，封王的时间是在天德二年二月，比完颜亮上尊号还要早，可见完颜亮对他是非常喜爱的。第二条信息，他的生母不是皇后徒单氏，而是元妃大氏，也就是庶长子。故而他在被封为皇太子以后没多久，就不明不白地死了。于是嫡子完颜光英被立为皇太子。

应该说，完颜亮在即位的初期的所作所为，显示出他还是一位较有作为的帝王。他在即位不久，就"以励官守、务农时、慎刑罚、扬侧陋、恤穷民、节财用、审才实七事诏中外"[1]。这七件事，皆与国家治理有着密切的关系，亟当行之。又有文献称：他"诏中外臣庶，皆令直言朝政阙失与军民利害，如有可采，自当听用。其或不当，弗加之罪。苟能裨补公私，别议旌赏"[2]。这种执政态度，与金熙宗的暴躁滥杀，形成了鲜明的对比。

完颜亮对政府官员的管束是比较严厉的。如天德三年（1151年）正月，他曾告诫百官称："朕不惜高爵厚禄以任汝等，比闻事多留滞，岂汝等苟图自安不以民事为念耶？自今朕将察其勤惰，以为赏罚，其各勉之。"他又对负责监察的御史台官员称："汝等多徇私情，未闻有所弹劾，朕甚不取。自今百官有不法者，必当举劾，无惮权贵。"[3]这些告诫皆是为政者必须重视的职责。

而对于那些违法的官员，他的处罚决不留情。例如这一年的闰四月，"归德军节度使阿鲁补以撤官舍材木构私第，赐死"[4]。这位阿鲁补是金景宗后裔，也是女真皇族，且"为人魁伟多智略，勇于战"。在金朝崛起的过程中，灭辽伐宋，屡立战功，官至一品。对于这样一位久经沙场的大将，完颜亮并没有放过，特下诏称："若论勋劳，更有过于此者。况官至一品，足以酬之。国家立法，贵贱一也，岂以亲贵而有异也。"[5]并立即将其处死。

[1]《金史》卷五《海陵纪》。
[2]《大金国志》卷十三《纪年·海陵炀王上》。
[3][4]《金史》卷五《海陵纪》。
[5]《金史》卷六十八《阿鲁补传》。

对于确实犯有过错的官员要严加惩治，而对于那些怠慢工作的官员，完颜亮也有办法。天德三年（1151年）闰四月，完颜亮下令："诏朝官称疾不治事者，尚书省令监察御史与太医同诊视，无实者，坐之。"[1]也就是说，称病不办公的官员，要由太医和负责监察的御史一起审核，如果是假装有病者，将会受到责罚。

作为一位政治家，完颜亮辨别是非的眼睛还是很明亮的。这一点，我们通过他手下大臣的一些做法，以及他的处理方法即可看出。在较为严厉的帝王手下，大臣们往往通过阿谀奉承来获得赏识，金朝大臣们也是如此。例如，在天德二年（1150年）十二月十二日，有野人来献异香，被完颜亮给回绝了。第二天，政府官员又报有"庆云见"，即出现祥瑞的云彩。完颜亮断然回答道："朕何德以当此。自今瑞应毋得上闻。若有妖异，当以谕朕，使自警焉。"[2]这个回答，无疑给阿谀奉承的奸臣们以当头一棒。

在完颜亮执政期间，办的最重要的一件事，就是从金上京迁到金中都。金朝崛起之初，建立的第一座都城就是金上京（今哈尔滨阿城区境内），这里是女真世代生活的地方。当金朝刚建立时，疆域只在东北一隅，这座都城的地理位置是与当时的发展状况相一致的。而当金朝接连攻灭辽朝和北宋之后，疆域有了极大拓展，而位于东北一隅的金上京已经不能适应局势的发展需求，必然要将金朝的统治中心向中原地区迁移。

在这种情况下，完颜亮果断做出决策，把都城从东北迁移到燕京。天德三年（1151年）三月，完颜亮下令："诏广燕城，建宫室。"经过一系列的建造工程之后，在贞元元年（1153年）三月，"以迁都诏中外，改元贞元。改燕京为中都，府曰大兴，汴京为南京，中京为北京"[3]。经过这次迁都，金朝的五京制度也得以进一步完善。

完颜亮接着又做了一件事，就是在正隆二年（1157年）十月下令："命会宁府毁旧宫殿、诸大族第宅及储庆寺，仍夷其址而耕种之。"[4]因为完颜亮在把都城南迁到燕京的时候，遭到了一大批女真贵族的反对，但他并没有对这些女真贵族妥协，而是坚决采取了迁都的举措。为了使他的这一决策得到贯彻落实，彻底断了女真贵族们回

[1][2][3][4]《金史》卷五《海陵纪》。

迁金上京的希望，他才做出了这个决定。

到了正隆三年（1158年）十一月，完颜亮又下令："诏左丞相张浩、参知政事敬嗣晖营建南京宫室。"[1]这时，距迁都燕京仅仅过了五年。文中的"南京"，就是北宋的东京（开封）。完颜亮进一步把都城南迁到河南开封，是出于他要大举南伐、攻灭南宋、一统天下的战略需要。但是，金朝的百姓在刚刚花费大量人力物力的情况下，还没有喘过一口气，就又要建造金南京的宫殿，真是弄得民不聊生、怨声载道了。经过这两次的大规模土木工程，金朝社会开始出现了动荡不安的情况。

正隆六年（1161年）正月，完颜亮下令百官迁往南京，为进攻南宋做准备。为了消除南宋的警戒，他向南宋君臣发出谕告称："朕昔从梁王军，乐南京风土，常欲巡幸。令营缮将毕功，期以二月末先往河南。帝王巡守，自古有之，以淮右多隙地，欲校猎其间，从兵不逾万人。况朕祖宗陵庙在此，安能久于彼乎。"[2]但是，这份谕告是不可能掩盖事实真相的。

完颜亮在南下伐宋之前，又干了最后一件事情。在这一年的七月，"杀亡辽耶律氏、宋赵氏子男凡百三十余人"[3]。在金太宗灭辽、灭北宋时，俘获的辽天祚帝和北宋的徽、钦二帝及其子孙，皆被金太宗养了起来，虽然待遇

北京建都纪念阙，东、西、南、北四个方位分别置以在金中都大安殿遗址出土的"铜辟邪（座龙）"，东侧镌刻着由侯仁之教授撰文的《北京建都记》　振阳 摄影

[1][2][3]《金史》卷五《海陵纪》。

越来越坏，却一直苟且偷生。完颜亮觉得自己这次南伐一定会统一天下，于是就把这些辽、宋帝王的子孙们全都杀掉了，做了一个最终的了断。古人早就有"杀降不祥"的经验教训，这个教训很快就落到了完颜亮的头上。

二、对政治制度的改革

自金朝立国之后，各项政治制度的改革就一直都没有停止过，一直到完颜亮即位后，诸多政治制度的改革才最终完成。因此，完颜亮在金朝政治制度的改革中，处于非常重要的地位。正是在他的积极推动下，金朝的政治制度才不断加以改革并逐渐完善起来。

完颜亮的第一项政治制度改革是在天德二年（1150年）十二月下令："罢行台尚书省改都元帅府为枢密院。"[1]这是他夺得皇权后仅一年就颁布的政令。"行台"，顾名思义，是一个临时的政治机构。行台的最初设置，是在金熙宗的天会十五年（1137年），这一年，由于刘豫伪齐政权已经失去了它作为金、宋之间缓冲的政治作用，因此，伪齐政权被废除，而设置在汴京（今河南开封）的行台，就由金朝统治者直接委派官员，对这一地区加以管理，取代了刘豫的统治职能。

及金熙宗在天眷元年（1138年）将河南割让给宋朝时，这处行台就被迁置到了燕京，由原来设置在燕京的枢密院承担行台的职能。两年以后，金朝又从宋朝手里夺回了河南之地，于是再次将行台迁置到汴京，以行使统治中原地区的政治功能。因为这时的金朝统治中心是在金上京（今黑龙江哈尔滨境内），距中原地区太远，故而行台的设置是十分必要的。到完颜亮即位后，一方面，与宋朝的争斗已经大致形成相持状态，暂时没有了更多的军事冲突，也减少了紧急政务的处理事宜；另一方面，完颜亮已经决定要将金朝的统治中心从金上京南移到燕京，也就没有再在汴京设置行台的必要，于是下令将行台废除。

金朝的都元帅府则是一个临时的军事指挥机构。有大规模的军事行动时即被置，军事行动结束后即废去。这个机构最初设置于金太宗天会三年（1125年）十月。是时，金太宗下令大举攻伐宋朝，于是，命完颜杲为都元帅，统率金朝军队兵分两路，一路由完颜杲亲自率领，完颜宗翰为先锋，从西京大同南下，另一路由完颜宗望为主帅，

[1]《金史》卷五《海陵纪》。

从燕京南下。经过两年的两次大规模军事进攻，遂将宋朝都城东京（开封）攻占，俘获徽、钦二帝，北宋灭亡。

时人又曾记载：天会三年"十二月，斡离不、粘罕分道入侵南宋。东路之军斡离不主之，建枢密院于燕山，以刘彦宗主院事；西路之军粘罕主之，建枢密院于云中，以时立爱主院事。国人呼为'东朝廷''西朝廷'。于是斡离不之军自燕山侵河北，粘罕之军侵河东，克朔、武、代、忻等州，直趋太原"[1]。文中的"斡离不"即指完颜宗望，"粘罕"即指完颜宗翰。由此可见，在当时的都元帅府之下，又设置有两处枢密院。

北宋灭亡后，金、宋之间的战争仍然在不断持续之中。及完颜杲死后，完颜宗翰、完颜宗弼等人继任都元帅之职，主持与南宋之间的征战之事。此后，完颜亮自己也曾兼任过都元帅一职。到完颜亮即位后，与宋朝之间的争战仍然没有停止，只是在制度上加以改变，将都元帅府改称枢密院，原来的都元帅改称枢密使，作为统率金朝军队的职能并没有改变。

金朝的枢密院比都元帅府设置的时间更早。最初，金太祖起兵抗辽，俘获汉族官员左企弓、刘彦宗、韩企先、时立爱等人，就仿照宋朝和辽朝的制度，设置有中书省、枢密院等机构，这时的枢密院官多由汉族官员出任，以辅助女真权贵处理军政事务。最早的中书省及枢密院是金太祖设置在广宁府（今辽宁北宁市），其后，在金太宗时移置到平州（今河北卢龙），再移置到燕京（今北京）。把都元帅府改为枢密院，不仅是名称的转变，而是将一个临时的军事指挥机构转变为一个常设的军事指挥机构。

完颜亮在对中央相关军事指挥机构进行调整之后，又着手对地方军事机构加以改革。天德三年（1151年）十月下令："诏罢世袭万户官，前后赐姓人各复本姓。"[2]金朝崛起之初，太祖即设置有猛安谋克制度，作为军队的组织结构，猛安为千户长，谋克为百户长。及金太宗大举伐宋，在猛安之上又设置有万户长，军队的结构进一步扩大，许多被封为万户长的将领，还得到了世袭的特权。万户长被赐以金牌，千户长被赐以银牌，百户长被赐以木牌，作为身份的象征。

因为正是金太宗攻打宋朝的关键时期，金太宗为了笼络这些高级

[1]《大金国志》卷三《太宗文烈皇帝一》。
[2]《金史》卷五《海陵纪》。

将领，还往往给他们赐以国姓（即改姓完颜），以示殊荣。如当时辽朝大将郭药师，在宋、辽交战之时，投降了宋朝，被宋徽宗赐姓赵（皇族之姓）。他又在宋、金交战之时，投降了金朝，"太宗以药师为燕京留守，给以金牌，赐姓完颜氏"[1]，成为金朝攻灭北宋的急先锋。郭药师死后，其子郭安国（应称完颜安国）世袭万户之位。及完颜亮罢废万户官的世袭之制，郭安国也同时恢复了郭姓。这时的万户之职，被改称为节度使。罢废万户官的世袭，实际上是废除了他们军权的世袭，这项改革的意义是非常重大的。

除了在军事上进行了一系列重要改革之外，完颜亮又进一步加强了礼制建设。如太庙的祭祖制度，一直是中原王朝的一项重要礼仪制度，有着明确的政治含义。女真最初是没有这种祭祀祖先的观念的，及金太祖得到辽朝官员杨朴，才开始采用相关的政治和礼仪制度。时人称：天辅五年（1121年）五月，"国主用杨朴议，始合祭天地于南北郊及禘享太庙"[2]。文中的"国主"即指金太祖。这时的金朝尚未建造有太庙。

及金太祖死后，在他的陵寝旁建有宁神殿，作为祭祀场所，又称太庙，实际上这时的宁神殿还不具有太庙的性质和功能，只能被称为太祖庙。这座太祖庙建在金上京宫城的西南面。及金熙宗即位后，于皇统三年（1143年）五月，在金上京正式设立太庙和社稷坛，使这一

徽、钦二帝幽禁处遗址　位于今黑龙江依兰

[1]《金史》卷八十二《郭药师传》。
[2]《大金国志》卷二《太祖武元皇帝下》。

重要的礼仪制度得以确立。而太庙的正式建成则是在皇统八年（1148 [1]《金史》卷五《海陵纪》。
年）的七月。

　　完颜亮即位后，对这一制度进一步加以完善。天德二年（1150
年）五月，完颜亮下令："太庙初设四神门及四隅罘罳。"这是在
太庙建筑方面加以完善。两年以后，他又下令："使使奉迁太庙神
主。"这次的奉迁太庙神主，记载过于简略，不知是在金上京还是从
金上京往金中都奉迁太庙神主。从相关文献推断，这次活动仍然是在
金上京。

　　从贞元元年（1153年）开始，完颜亮迁都到燕京，称金中都，除
了在这里建造宫殿、园囿外，也建造了太庙及社稷坛。史称：这一年
的闰十二月，"定社稷制度"[1]。两年以后，皇太后从金上京来到金
中都，太庙神主等也一同来到这里，而太庙神主则被安置在中都城的
著名寺庙延圣寺中，一个月后，才被安置在中都城新建的太庙之中。
再往后，到正隆二年（1157年），才最终确定了太庙的祭祀礼仪。金
朝的太庙建设及祭祀制度，这时才得以完善。

金太祖陵　金太祖完颜阿骨打陵位于黑龙江省哈尔滨市阿城区上京会宁府城外300米处

天津鼓楼大钟，原在山东"滨州（今山东滨州市）长老院"，后移至天津鼓楼，高2.28米，最大直径1.40米，上铸"天德五年"（金海陵王完颜亮天德五年，即1153年），天津博物馆展品　　FOTOE 供图

完颜亮的大规模的政治制度改革，是在他将都城从金上京迁移到金中都之后开始展开的，这一年是正隆元年（1156年），同时也是贞元四年。按照时间顺序，这一年的正月，也就是贞元四年正月，完颜亮下令：罢中书门下省。这一年的二月，改年号为正隆，也就是正隆元年，同年五月，史称：颁行正隆官制。自唐代以来即实行的三省六部制，变为了一省六部制。

对于这次改革，史称："海陵庶人正隆元年罢中书门下省，止置尚书省。自省而下官司之别，曰院、曰台、曰府、曰司、曰寺、曰监、曰局、曰署、曰所，各统其属以修其职。职有定位，员有常数，纪纲明，庶务举，是以终金之世守而不敢变焉。"[1]这个评价是非常高的，也是非常准确的，完颜亮的政治制度改革，不仅在金朝成为固定的政治模式，而且直接影响到了元朝政治制度的建设。

为了配合这次正隆官制改革，完颜亮还采取了一些具体的措施。如他在这一年的二月，改定内外诸司印记。在此之前，各个官府所使用的印章应该是没有统一制作过的，这时加以统一模式。同年三月，他又下令，始定职事官朝参等格，这也是一项重要的礼仪制度建设。经过这次正隆改制，金朝初期的不规范政治体制，皆由此而得到统一的规范。

三、处理女真贵族与政敌的矛盾

完颜亮在通过金上京的政变得到皇权之后，使得女真贵族之间的矛盾冲突进一步加剧。为了巩固自己的统治，完颜亮立刻着手处理这些错综复杂的矛盾问题。对此，完颜亮像许多在非正常环境中登基的

[1]《金史》卷五十五《百官志》。

帝王一样，采取了十分残酷的镇压政策，凡是威胁到自己统治的政敌，一律采取即刻诛杀的手段，决不手软。而对于其他政敌，也往往不择手段，加以迫害。

完颜亮即位后的第一个政敌，也是最大的政敌，就是在金上京宫廷政变中被弑杀的金熙宗完颜亶。这个政敌虽然已经被弑杀，但是其潜在的政治影响也必须予以肃清。皇统九年（1149年）十二月九日夜晚，完颜秉德及唐括辩等人发动宫廷政变，弑杀金熙宗。十日，完颜亮即位称帝，并召左丞相完颜宗贤、右丞相完颜宗敏，并杀之。十一日发布大赦诏书，并改年号为天德元年。

在完颜亮颁布的大赦诏书中称："朕惟太祖武元皇帝神武应期奄有四海，以天下大器授于太宗，文烈厌世，不忘先逊，凭几宣命，属之前君，以继洪业十有五年，而昏虐失道，人不堪命。宗族大臣协心正救，久而弗悛。仰奉九庙之灵，已从废黜，亦既陨灭。宗族大臣咸以太祖经营缔建，所繇垂统，推戴眇躬，嗣临天下。朕以宗祖之重，义不获已。爰受命之初，兢兢若涉渊冰，未知攸济，尚赖股肱三事文武百僚同心附翼，以底于治。宜布维新之令，以宏在宥之恩。"[1]在声讨金熙宗的罪恶之时，表明自己继位是众望所归。

与此同时，完颜亮还做了三件事：

第一件事，为完颜亶及其父完颜宗峻加以定位。完颜亶被追封为东昏王，也就是没有给予帝王的谥号。而完颜宗峻为金太祖的嫡长子，在完颜亶即位后曾被追谥为景宣皇帝，庙号徽宗。但是完颜亮即位后，则被降封为丰王。这件事的目的就是最大限度地贬低完颜亶父子的政治地位。因为完颜宗峻死得比较早，没有继承过皇位，但是完颜亶做了十五年的皇帝，却被贬称东昏王，是不公平的。

第二件事，完颜亮在贬低完颜亶父子地位的同时，抬高了自己父亲的地位，把同样没有当过皇帝的完颜宗干追封为德宗。完颜宗干是金太祖庶出诸子中年龄最长者，因为是庶出，也就没有了继承皇位的资格。就算金太祖死后没有把皇位传给弟弟金太宗，也会把皇位传给金熙宗完颜亶。所以完颜亮在大赦诏书中称，金太宗死后，还是把皇位传给了完颜亶，而不是自己的儿子。完颜宗干被追封为德宗，实际上是为了证明完颜亮称帝的合法性。

[1] 宋李心传：《建炎以来系年要录》卷一百六十。

[1]《金史》卷五《海陵纪》。

第三件事，则是把参与宫廷政变的完颜秉德、唐括辩等人稳住。首先，这些人在当时的金上京是最有权势的一批人，他们的党羽很难立刻清除。其次，完颜亮自己刚刚上台，也需要有一个巩固统治的过程。因此，完颜亮下令，任命完颜秉德为左丞相，唐括辩为右丞相，以代替被杀的左丞相完颜宗贤和右丞相完颜宗敏。同年十二月十六日，完颜亮把参加宫廷政变的完颜秉德、唐括辩等六人带到金太祖庙，和他们一起在庙里起誓，并给六人赐以誓券。这个誓券，应该是类似于免死牌一样的东西。

然而完颜亮在得到帝王宝座之后，并没有就此罢手，他不想和完颜秉德、唐括辩等人一起共坐天下，因此，他着手第二步为巩固皇权而清除异己的举措。完颜秉德和唐括辩等人因为手中拿着他赐给的誓券而放松了警惕，故而很快就遭到了他的毒手。金上京宫廷政变后仅一个月，完颜亮就把政变主谋完颜秉德派到东京（开封）去主持行台尚书省之事。不久，将与完颜秉德有嫌隙的完颜乌带提拔为右丞相，而将原来的右丞相唐括辩转任为左丞相。然后，即以完颜秉德与金太宗子孙勾结谋反为名，大开杀戒。

天德二年（1150年）四月，"杀太傅、领三省事宗本，尚书左丞相唐括辩，判大宗正府事宗美。遣使杀领行台尚书省事秉德，东京留守宗懿，北京留守卞及太宗子孙七十余人，周宋国王宗翰子孙三十余人，诸宗室五十余人"[1]。这次大屠杀的借口，则是完颜秉德与完颜宗本相互勾结，企图发动政变，加害完颜亮。经过这一次冤狱，金太宗的子孙几乎都被杀光了。

在构成这次大冤狱的过程中，完颜亮巧妙地利用了上层贵族之间的矛盾。在诬陷完颜秉德时，他利用了乌带与秉德之间的矛盾，让乌带告发秉德谋反。然后，又利用完颜秉德与金太宗子孙的关系较好这一点，把

《金海陵纵欲亡身》，插图，出自冯梦龙《醒世恒言》第二十三卷。描绘了金代海陵王荒淫残暴的生活 FOTOE 供图

完颜宗本、完颜宗美等人一网打尽。同时，又利用唐括辩与完颜宗本等人的关系较好，让大臣萧裕等将唐括辩一起拉入谋反行列，再一起加以诛杀。在这次大屠杀的进程中，完颜亮完全不顾及他曾经赐给完颜秉德及唐括辩等人的免死"誓券"，不择手段地迅速加以诛杀，使得他在即位不到半年的时间里，就解决了让他头疼的两批实权人物，使他的统治地位基本得到巩固。

完颜亮在即位后，除了公开诛杀政敌之外，又采用了另一种手段，即在女真贵族妇女中大搞淫乱关系，借此以达到打击政敌的目的。如对于完颜乌带，早年完颜亮就曾与乌带之妻唐括定哥发生过不正当男女关系。及完颜亮即位后，为了除掉乌带，他再次利用与唐括定哥的不正当关系，逼使唐括定哥乘醉将完颜乌带缢死。然后，又借故将唐括定哥缢死。这种手段极为卑鄙，但是却十分有效，使得完颜亮没有留下滥杀大臣的罪名。

又如葛王完颜雍（即后来的金世宗），也被完颜亮视为有潜力的政敌。当时完颜雍在山东任济南尹，为了打击完颜雍，完颜亮下令征召其妻乌林苔氏进京。如果完颜雍违抗命令，即可加之以罪过，予以打击。在这种危难时刻，乌林苔氏表现出了大智大勇，"后念若身死济南，海陵必杀世宗，惟奉诏，去济南而死，世宗可以免"[1]。文中的"后"即指乌林苔氏。于是，她只身前往中都城，在距中都城七十里地的良乡县自杀，自己既没有遭到完颜亮的污辱，也由此保全了完颜雍，使得完颜亮的诡计无法得逞。而得到保全的完颜雍则在完颜亮兵败被弑之后登上皇帝宝座，是为金世宗。

第二节　在经济上的举措

海陵王完颜亮在即位以后，一方面，要着手肃清政敌，巩固自己的统治；另一方面，又要着手将都城从东北一隅迁移到中原地区。而他又时时刻刻准备南下攻灭宋朝，一统天下，实现自己的政治抱负。因此，完颜亮在经济管理方面，并没有采取较大的惊世之举，而大致承袭了前代帝王们的主要措施——鼓励农业生产，这是永恒的主题。

完颜亮对金朝工商业的发展则采取了一些重要的举措，如铸造铜

[1]《金史》卷六十四《后妃传》。

钱、印发交钞、复行钞引法等，皆是对金朝初期的政府行为进一步的调整和改善，为此后金世宗、金章宗时期的经济发展奠定了较好的基础。完颜亮虽然算是一位有为之君，但是，他在短短的十余年间，大规模地兴建都城（包括金中都和金南京），大规模地调动军队南伐宋朝，也就导致了金朝百姓的正常生产和生活受到侵害，最终导致社会动荡不安，兵败被弑。

一、对农业生产的举措

女真自立国之始，即十分重视农业生产。金太祖阿骨打在收国元年（1115年）称帝行礼，"阿离合懑与宗翰以耕具九为献，祝曰：'使陛下毋忘稼穑之艰难。'太祖敬而受之"[1]。又如金太宗完颜晟即位之初，即在天会元年（1123年）下令："敕有司轻徭赋，劝稼穑。"[2]许多女真贵族虽然在立国征战之时戎马倥偬，却也知道重视农业生产，鼓励百姓耕稼。

完颜亮在即位后，也仍然继承了这一国家传统。如天德三年（1151年）三月皇太子过生日之后，完颜亮对前来庆贺的大臣们说，皇后为了庆祝皇太子生日，给朕献上珍异之物，你们看看是什么？然后从锦囊中拿出一幅《田家稼穑图》，又说道："后意太子生深宫之中，不知民间稼穑之艰难，故以为献，朕甚贤之。"[3]通过这段对话可知，不仅完颜亮很重视农业生产，就连皇后也是如此，并且想要教育皇太子也重视农业生产。

在农业生产中，耕地是一个特别重要的因素。在农业生产不发达的地方，荒地就比较多；而在农业生产发达的地方，荒地就比较少。早在天眷元年（1138年）二月，金熙宗就曾下令："诏罢来流水、混同江护逻地，与民耕牧。"同年三月，又曾下令："以禁苑隙地分给百姓。"[4]由此可见，

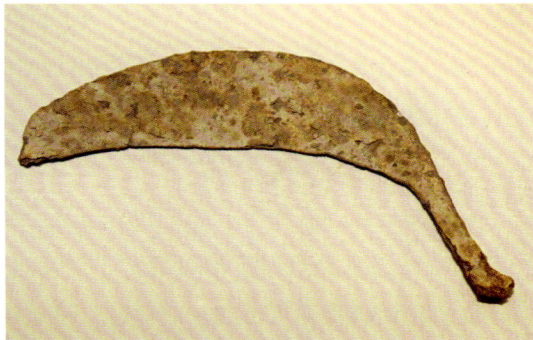

铁镰刀，金代，黑龙江宾县出土　FOTOE 供图

[1]《金史》卷七十三《阿离合懑传》。
[2]《金史》卷四十七《食货志》。
[3]《金史》卷五《海陵纪》。
[4]《金史》卷四《熙宗纪》。

这时的金朝统治者已经懂得充分利用土地作为耕地。

完颜亮在贞元元年（1153年）将都城从金上京南迁到金中都之后，即在这一年的五月下令："以京城隙地赐朝官及卫士。"文中的"隙地"就是指还没有耕种庄稼的荒地。同年七月，他又下令："元赐朝官京城隙地，征钱有差。"[1]这里的征钱，实际上就是地租钱。《金史》中把这件事情还放到《食货志》中的"诸征商"条目中，认为征收的不是地租而是商税。也有可能有些荒地不是被耕种的，而是盖了商铺。但是，这种可能性是微乎其微的。因为"隙地"绝大多数肯定不是在热闹的地方，而是在荒僻的地方，用来开商铺进行贸易活动是不合适的，并且朝官是被禁止从事商业活动的。

金朝自立国之初，即建立兵民合一的猛安谋克制度，战时，猛安为千户、谋克为百户，率领民众出战；平时，则以猛安谋克为单位，组成屯田军，进行农业生产。这一组织结构最初只是在女真民众之中实行，随着金朝疆域的扩大，逐渐推行到契丹、渤海、奚族及汉族民众之中。每个猛安谋克既是战斗组织，也是生产组织。

在完颜亮迁都金中都时，金上京一带大量女真的猛安谋克民众也随之迁移到中原地区定居。史称："贞元迁都，遂徙上京路太祖、辽王宗干、秦王宗翰之猛安，并为合扎猛安，及右谏议乌里补猛安，太师勖、宗正宗敏之族，处之中都。"[2]其他女真的猛安谋克民众，则被迁移到河北、山东、辽宁等地居住。这些被安置在金中都地区的女真猛安民众，皆被赐以该地的良田。

到正隆三年（1158年）七月，完颜亮为了进一步迁都到金南京（今河南开封），于是下令："迁中都屯军二猛安于南京，遣吏部尚书李惇等分地安置。"[3]完颜亮在从金上京迁到金中都时，共迁入了四个猛安的女真民众，这次迁到金南京的屯军有两个猛安的单元，可见其迁移的力度是很大的，在金南京周围占有农田，以便继续进行农业生产。

在中原地区，农耕生产和狩猎活动是十分矛盾的。农民辛辛苦苦耕种的庄稼，一旦遭遇统治者的狩猎活动，人踩马踏，就会损失惨重。女真统治者最初生活在东北地区，耕地较少，而狩猎活动又可以训练士兵，故而举行这种活动较多。及农业生产发展了，耕地越来越

[1]《金史》卷五《海陵纪》。
[2]《金史》卷四十四《兵志》。
[3]《金史》卷五《海陵纪》。

多，这种矛盾也就变得十分突出。如皇统八年（1148年）七月，"宰臣以西林多鹿，请上猎。上恐害稼，不允"[1]。金熙宗为了保护庄稼，而拒绝了大臣的狩猎建议。

完颜亮在迁都到金中都城之前，在金上京曾经举行过多次狩猎活动。如天德三年（1151年）春天和秋天，各在近郊狩猎一次。翌年五月，"猎于立列只山。甲寅，赐猎士，人一羊"。同年八月，"猎于途你山"，等等。由此可见，完颜亮是十分喜爱狩猎活动的。他在迁都以后，也面临着农耕与狩猎的矛盾问题。他在贞元元年（1153年）十月，狩猎于良乡。翌年九月，两次狩猎于顺州（今北京顺义一带）。下一年的九月及十一月，又两次狩猎于中都城近郊。一直到正隆六年（1161年）二月，完颜亮在大规模出征南宋之前，还在中都城近郊举行狩猎活动，并下令："禁扈从纵猎扰民。"

但是，这种耕种与狩猎之间的矛盾是很难解决的。特别是完颜亮集结大军南下伐宋的大规模军事行动，更是对农业生产造成了巨大的损失。史称：完颜亮自二月从金中都出发，三月到金南京，一路之上，"自中都至河南，所过麦皆为空。复禁扈从毋辄离次及游赏饮酒，犯者罪皆死，而莫有从者"[2]。显然，兵荒马乱之时，就连完颜亮自己也很难控制局面了。

金朝统治者之所以重视农业生产，一方面，是出于整个国家的需求，百姓只有丰衣足食，国家才能够太平安定；另一方面，则是出于统治者的个人需求，农业生产顺利进行，他们才能够获得大量租税。史称："金于食货，其立法也周，其取民也审。太祖肇造，减辽租税，规模远矣。熙宗、海陵之世，风气日开，兼务远略，君臣讲求财用之制，切切然以是为先务。虽以世宗之贤，储积之志曷尝一日而忘之。"[3]这个评价是比较公允的。

金朝前期至中期的赋税制度，大致可分为三个阶段。第一个阶段，是金太祖创立税收制度，减轻了辽朝政府对百姓的剥削。第二个阶段，是金熙宗及海陵王完颜亮时期，这个时期的金朝税收制度进一步得到完善，而且剥削百姓的力度还不是很大。第三个阶段，是金世宗以后，仍然能够保持财政税收的平衡。其中，完颜亮是发挥了承前启后的重要作用的。

[1]《金史》卷四《熙宗纪》。
[2]《金史》卷五《海陵纪》。
[3]《金史》卷四十六《食货志》。

完颜亮在完成官制改革的同时，又曾进行了一次大规模的土地整顿工作。正隆元年（1156年）二月，他下令："遣刑部尚书纥石烈娄室等十一人，分行大兴府、山东、真定府，拘括系官或荒闲牧地，及官民占射逃绝户地，戍兵占佃宫籍监、外路官本业外增置土田，及大兴府、平州路僧尼道士女冠等地，盖以授所迁之猛安谋克户，且令民请射，而官得其租也。"[1]完颜亮这次整顿的范围，主要是各种荒闲官田及牧地、官民和戍兵、僧道等人占据的不纳租税的农田。经过这次整顿，金中都及其周围的土地混乱及无税收的状况得到极大改善。

二、对工商业的举措

金朝统治者在崛起之初，对于工商业方面的举措，主要是效仿辽朝和宋朝的办法，很难有自己的创举。及完颜亮从金上京迁都到金中都之后，政府的管理体制得到初步完善。特别是一些重要的管理制度，在完颜亮即位之后，基本上都建立起来。有些举措，已经开始发挥出重要作用。而到了此后的金世宗和金章宗时期，这些管理体制也变得越来越完善。

在金朝管理京城商业贸易的机构主要有两家，一家称中都都商税务司，设有税务使及副使，掌管征收商税的事务。这个机构始设于何时已经不得而知，但是应该是在金中都城建好之后的事情了。这项制度是仿照的宋朝，北宋时期就已经在首都东京（开封）设置存都商税务，在地方各州则设置有商税务，以征收全国的商税。因今天存留的金代文献很少，故而也就很少有相关记载。

除了中都都商税务司之外，在金中都城里的另一家官僚机构称市令司，级别与中都都商税务司一样，皆为正八品。其职责则是："掌平物价，察度量权衡之违式、百货之估直。"[2]该机构共有三项主要功能：第一，是控制市场中的物价，如有哄抬物价者，应该由市令司加以制止。第二，检查各种度量衡器具，以减少所谓"黑心秤"坑害顾客一类的弊病。第三，对没有固定价格的

金代窖藏铜钱

[1]《金史》卷四十七《食货志》。
[2]《金史》卷五十七《百官志》。

金代 泰和重宝铜钱 首都博物馆藏 苟潇 摄影

商品负责定价，以保证买卖双方的公平。这个机构应该也是金中都城建好之后才设置的。

在金中都城里，负责提供皇家日常使用物品并与商市联系的有两家机构：一家称中都买物司，负责从商市中购买皇宫中应用的各种物品。另外一家称市买司，完颜亮在天德二年（1150年）改称市买局，"掌收买宫中所用果实生料诸物"[1]。市买局的功能与中都买物司大致相同，只是购买的物品种类是有区别的。这两家机构应该也是完颜亮迁都之后设置及更名的。

在金朝的商税征收中有一项特殊的商税，即酒税。在金中都城里，征收酒税的机构称中都都曲使司。而在全国各地设置的相关机构则被称为酒使司。在金朝，酒税的收入要远远高于商税，因此，负责征收酒税的机构，其级别也要远高于征收商税的机构。中都都曲使司的级别是从六品官，而中都都商税务司的级别只有正八品。

在金中都城里，与商业有关的另外一处重要机构为榷货务。这处机构的级别也很高，与中都都曲使司一样，为从六品，其职责是"掌发卖给随路香茶盐钞引"[2]。与之相关的，则有印造钞引库的设置。这处机构的设置，应该是在贞元二年（1154年）五月左右，史称这时"初设盐钞、香茶文引印造库使副"[3]。而印造钞引库的职责则是："掌监视印造勘覆诸路交钞、盐引，兼提控抄造钞引纸。"由此可见，榷货务与印造钞引库的关系是十分密切的。

榷货务与印造钞引库皆是金朝的重要商业管理机构，特别是印造钞引库，负责印制交钞及盐引、茶引等专卖凭证，关系重大，一定要设置在最重要的地方。因此，完颜亮在扩建中都城之后，就把这两处机构设置在了金中都城里。及他重建金南京城并迁都到南京之后，又在正隆五年（1160年）八月下令，将这两处机构迁移到南京。由此可见，完颜亮对这两处机构是特别重视的。

金朝的许多商税，皆是通过榷货的形式来加以征收的。时人称：

[1]《金史》卷五十六《百官志》。
[2]《金史》卷五《海陵纪》。
[3]《金史》卷四十九《食货志》。

"金制，榷货之目有十，曰盐、酒、曲、茶、醋、香、矾、丹、锡、铁，而盐为称首。贞元初，蔡松年为户部尚书，始复钞引法，设官置库以造钞、引。钞，合盐司簿之符。引，会司县批缴之数。七年一厘革之。"[1]文中所称"设官置库"，也就是指设榷货务、置印造钞引库。这些举措皆是完颜亮贞元初年，在蔡松年的主持下实施的。而贞元初年，也正是完颜亮从金上京迁到金中都的时候。

在金朝的商业贸易活动中，钱币的使用起着非常重要的作用。而金朝自立国以来，却在很长一段时间里没有对钱币的使用加以严格的管理。史称："钱币。金初用辽、宋旧钱，天会末，虽刘豫'阜昌元宝''阜昌重宝'亦用之。海陵庶人贞元二年迁都之后，户部尚书蔡松年复钞引法，遂制交钞，与钱并用。正隆二年，历四十余岁，始议鼓铸。冬十月，初禁铜越外界，悬罪赏格。括民间铜鍮器，陕西、南京者输京兆，他路悉输中都。三年二月，中都置钱监二，东曰宝源，西曰宝丰。京兆置监一。曰利用。三监铸钱，文曰'正隆通宝'，轻重如宋小平钱，而肉好字文峻整过之，与旧钱通用。"[2]

通过这段记载可知，第一，在完颜亮开始铸造"正隆通宝"钱币之前，金朝所使用的钱币主要是辽朝、宋朝和伪齐政权铸造的钱币。这时的金朝钱币体系是极为混乱的。第二，完颜亮在铸造"正隆通宝"钱币之后，并没有废止此前的三种钱币，而是共同加以使用。第三，对金朝境内的铜，也就是铸造钱币的原料加以控制，并在金中都（今北京）和京兆（今陕西西安）两处地方设置钱监（也就是铸造钱币的工场），制造金朝自己的钱币。第四，这种钱币的铸造质量还是比较好的，其水准类似于宋朝铸造的钱币。

特别值得一提的是，完颜亮在铸造钱币之前，为了解决金朝商业贸易中缺钱的问题，曾经仿照宋朝印制交钞的办法，在金中都城设置了交钞库和印造钞引库，负责印制交钞，投入商业贸易领域。贞元二年（1154年）印制的交钞分为大钞与小钞两种，大钞的面值为一贯、二贯、三贯、五贯、十贯等五种；小钞的面值为一百、二百、三百、五百、七百等五种。交钞的印制，确实缓解了金朝缺少钱币的问题，但是，却又带来了一些新的问题。

如金朝政府在印制交钞时，其数量不断增加，甚至超过了市场

[1]《金史》卷四十九《食货志》。
[2]《金史》卷四十八《食货志》。

中运行的钱币数量，因此而导致了交钞在商业流通领域中的运转失灵。这种情况在完颜亮刚刚开始印制交钞的时候还没有产生更多的恶劣影响。但是，随着金朝政府印制交钞的时间不断拉长，印制交钞的数量越来越多，到金世宗和金章宗时，问题就变得更加严重，甚至成为商业贸易领域中的一种公害。这个问题一直到金朝灭亡，也没有得到解决。

完颜亮在即位之后，做了一些有益的事情。其一，是在天德三年（1151年）四月下令，罢去民众岁贡鹰隼的负担。在辽金时期，统治者皆有狩猎的喜好，而在狩猎活动中，鹰隼是必不可少的狩猎工具。辽朝长期从东北地区征收猎禽海东青，就是逼迫女真民众起而反抗的一个重要原因。"'海东青'者出五国，五国之东接大海，自海而来者谓之'海东青'，小而俊健，爪白者，尤以为异。必求之女真，每岁外，鹰坊子弟趣女真，发甲马千余人入五国界，即'海东'巢穴取之，与五国战斗而后得。"[1]这种进贡鹰隼的制度，在辽朝灭亡、金朝建立后仍然得以延续。

完颜亮在下令罢去岁贡鹰隼的负担后，并没有废止这项制度。因为金朝政府仍然设置有鹰坊这个机构，而且级别很高，鹰坊提点官为正五品，鹰坊使为从五品，其职责为"掌调养鹰鹘海东青之类"[2]。相关历史文献显示，到了此后的金世宗时，这个机构仍然存在。因为金朝帝王喜好岁时出猎，也就少不了海东青一类的猛禽来抓获天鹅、野鸭之类的飞禽。完颜亮罢去岁贡鹰隼的命令也只是一时兴起的一种举措。

同年闰四月的一天，完颜亮下令："命太官常膳惟进鱼肉，旧贡鹅鸭等悉罢之。"第二天，他又下令："罢皇统间苑中所养禽兽。"[3]这种削减御膳和减少

海东青，明代《三才图会》插画
FOTOE 供图

[1]《大金国志》附录一《女真传》。
[2]《金史》卷五十六《百官志》。
[3]《金史》卷五《海陵纪》。

扳指 金代射箭辅助工具，后逐渐变为日常饰品。图为用绿宝石和红玛瑙制作的扳指

皇家园林中饲养禽兽的办法，历代帝王经常采用，大多是在政府的收入减少、开支增加的情况下，为了解决财政困难而采取的措施。在有些时候，帝王为了显示自己勤俭的美德，也会采取这样的做法。完颜亮之所以下令减少自己的日常享受费用，大概是与他正在扩建金中都城，政府需要大量财政支出有一定的关系。

[1]《金史》卷五《海陵纪》。

完颜亮在即位时采取的一项惠及百姓的举措，是在贞元二年（1154年）十一月，在金中都城里设置了惠民局，这项举措，是仿照了宋朝的相关制度。惠民司，又称惠民局，其职责是"掌修合发卖汤药"，也就是官办的药铺。在中国古代，中央政府往往在都城设置一些优惠百姓的机构，由官方出资，施惠于民，以换取社会的稳定。而惠民局的设置，就是宋、金、元三代中央政府在医疗方面的惠民举措。

这个机构是由政府出资购买一些药材，然后依据古代医书中的药方来煎制各种成药，以低于市场正常价格卖给穷苦百姓，治病救人。宋朝的惠民局在全国各地皆有设置，而金朝和元朝只是在京城设置。金朝的惠民局自完颜亮设置之后，发挥着救济贫民、医治疾病的作用，一直到金朝灭亡，这一制度方随之废止。

在中国古代，奢侈品的消费是封建帝王日常生活中的一项主要需求，他们会采取各种办法来满足这种需求。例如，作为重要装饰品的珍珠，自古以来就是帝王们的一项生活需求。早在秦汉时期，政府就设置有相关机构，或是专门出巨资向珠宝商人收购珍珠，或是强行征调民众去海里采捞珍珠，以满足帝王的私欲。金朝的完颜亮在即位之后，也采用了相同的手段。

天德四年（1152年）十一月，完颜亮下令："买珠于乌古迪烈部及蒲与路，禁百姓私相贸易，仍调两路民夫，采珠一年。"[1]在这

[1] 宋人蔡绦：《铁围山丛谈》
卷六。

里，他提出了"买珠"与"采珠"两种办法，以获取珍珠以及采珍珠的地点，即乌古迪烈部及蒲与路。这两个地方相邻，都是在东北地区，位于金上京（今黑龙江哈尔滨境内）向北约七百里的地方。

这里产的珍珠非常有名，被宋朝人称为"北珠"。时人称："北珠在宣和间，围寸者价至三二百万。"[1]由此可见，在宋金时期，北珠在珍珠同类产品中，是较为珍贵的。不仅是在金朝境内十分流行，就是在宋朝和此前的辽朝也是十分受人重视的财宝。史称："北珠出女真，子美市于契丹，契丹嗜其利，虐女真捕海东青以求珠。两国之

金朝定都北京之后，相继开凿了金口河和闸河将通州与中都城用水路联系起来，以方便粮食的运输。图为京杭大运河通州段
张晨声 摄影

祸盖基于此，子美用是致位光显。"[1]宋朝大臣孙子美用购买的北珠进献给帝王，由此而官路亨通。

对于"采珠"，时人也有较为详细的记载："北珠美者大如弹子，小者若梧子，皆出辽东海汊中。每八月望，月色如昼，则珠必大熟。乃以十月，方采取珠蚌。而北方沍寒，九十月则坚冰厚已盈尺矣，凿冰没水而捕之，人以为病焉。又有天鹅能食蚌，则珠藏其嗉。又有俊鹘号海东青者，能击天鹅。人既以俊鹘而得天鹅，则于其嗉得珠焉。"[2]由此可知，"采珠"有两种方法：第一种是让民众到水下捞取河蚌，然后剖开河蚌而取珠。第二种，是天鹅食河蚌，人们通过狩猎而捕获天鹅，然后从天鹅嗉里取出河蚌以获得珍珠。

完颜亮命乌古迪烈部及蒲与路的民众"采珠"，应该用的是第一种方法。这种方法实行之后，不是"采珠一年"，而是一直沿用下去。直到完颜亮被弑，金世宗完颜雍即位之后，才在大定九年（1169年）七月下令："罢东北路采珠。"[3]文中的"东北路"即是乌古迪烈部及蒲与路等地区。由此可见，金世宗认为完颜亮的"采珠"是错误的举措，所以才会加以废止。

第三节　在军事上的举措

在金朝崛起之初，女真统治者从一个只有几万人的部落首领只用了十几年的时间就建立起击败辽朝统治的新王朝。又用了十几年的时间攻灭了貌似强大的宋朝，占据半壁江山。这个发展速度，在中国古代的历史上堪称空前绝后。在这个时期，金朝政治体制的建设方面也出现了一个飞跃。从简单的部落体制进化到初具规模的国家体制。完颜亮即位后，在政治上采取的举措，对于金朝政治制度的进一步发展产生了巨大影响，使金朝的政治制度变得更加精简，更加完善，并为此后金世宗、金章宗两朝的进一步发展奠定了坚实的基础。

经济体制方面，在完颜亮即位前，同样经历了一个飞跃发展的阶段。在这个阶段中，金朝统治者也完全处于向辽朝和宋朝学习的位置，不论是对农业生产越来越重视，还是对手工业生产和商业贸易活动的管理，以及对货币体系的控制等方面，皆是如此。完颜亮

[1]《宋史》卷二百八十五《孙子美传》。
[2]《三朝北盟会编》卷第三《政宣上帙三》。
[3]《金史》卷六《世宗纪》。

金《套马图》局部　用生动笔墨描绘出金代女真骑士的形象

　　即位后，在经济上也对金朝整体管理制度进一步完善，从管理机构的系统完善，到钱币的铸造、纸钞的发行、使用等，皆采取了必要的举措。

　　但是，在军事方面，完颜亮却不是一个杰出的军事家，甚至不能算是一个合格的军事家。在军事管理体制方面，他没有采取果断措施，改革已经不适应形势发展需要的、兵民合一的猛安谋克体制，只是把其他民族（包括契丹、汉族等）的猛安谋克体制加以废止。之后，他又将猛安谋克体制中的"世袭"制度加以废止。这些举措，不仅没有增强军队的战斗力，反而加大了军队中将士的离心力，因此应该说是失败的举措。

　　与此同时，完颜亮在对南宋的战和关系这个至关重要的战略决策方面犯下了致命的错误。从金太祖联合宋朝击败辽朝，到金太宗攻灭北宋、设置伪齐政权，到金熙宗废除伪齐，并与南宋讲和，这一系列的军事举措都是较为英明的，为金朝统治者获得了最大程度的利益。而完颜亮在即位后，却错误判断了整个国家的形势，特别是错误判断了金、宋之间的力量对比关系，认为自己可以轻易攻灭南宋，由此而发动了一场大规模的南伐战争。这种至关重要的关系误判，导致了战争的失败，也导致了完颜亮个人政治生涯的结束。

一、对军队的控制

　　完颜亮即位后，面临的一个最大问题就是对军队的控制。早在金朝立国之初，女真军队主体实行的是兵民合一的猛安谋克制度。据时人所撰《女真传》记载曰："自五户孛极烈推而上之，至万户孛极烈，皆自统兵。缓则射猎，急则出战。"这时的军队，就是一支支规模大小不等的狩猎团队。平时，是靠狩猎禽兽以获取食物；战时，则是靠击杀敌人以获取战利品。这种结构的军队，在战斗中的一个显著特点，就是各自为战，机动性极强，所谓"皆自统兵"，就是从万户到五户首领（即孛极烈），在战斗中视形势变化而做出决定。

《女真传》又曰："队伍之法，什、伍、百皆有长，伍长击柝，什长执旗，百长挟鼓，千长则旗帜、金鼓悉备。伍长战死，四人皆斩；什长战死，伍长皆斩；百长战死，什长皆斩。负战斗之尸以归者，则得其家赀之半。凡为将人自执旗，人视其所向而趋。"这种连坐制度，在中原地区的民众管理制度中是较常见的，而在女真军队中的使用，无形之中加强了军队的战斗力。

后人总结道："原其成功之速，俗本鸷劲，人多沉雄，兄弟子姓才皆良将，部落保伍技皆锐兵。加之地狭产薄，无事苦耕可给衣食，有事苦战可致俘获，劳其筋骨以能寒暑，征发调遣事同一家。是故将勇而志一，兵精而力齐，一旦奋起，变弱为强，以寡制众，用是道也。"[1]这种依靠部落结构而形成的军事优势，随着金朝的不断发展而逐渐丧失了。

金朝在攻灭辽朝和北宋的过程中，占有的地域越来越大，归属的民众越来越多，如汉人、契丹人、渤海人等，而他们的社会结构许多已经不是以血缘关系组成的部落联盟，而是以地缘关系组成的郡县、村落。而在金朝势力不断向外扩张的时候，女真统治者则把这种猛安谋克制度推行到各个地方。首先，是把这种制度推行到了所谓的"熟女真"地区。

早在五代时期，生活在白山黑水之间的一大批少数民族民众就被称为女真。辽太祖阿保机在征服东北地区的诸多少数民族部落时，就把女真民众分为两部分：一部分称为"生女真"，也就是金太祖阿骨打开始崛起时统辖的部落；另一部分女真民众生活在辽阳及其周围地区，称为"熟女真"，这部分女真民众大多已经建立了户籍制度，成为属地管理的民众了。

金太祖在攻占了东北地区之后，大批"熟女真"的民众都归降了金朝，于是，在收国二年（1116年）五月，金太祖阿骨打下令："诏

[1]《金史》卷四十四《兵志》。

除辽法，省税赋，置猛安谋克一如本朝之制。"[1]在这种情况下，不论是"生女真"部落还是"熟女真"部落的民众，就都用猛安谋克制度组织起来，成为金太祖对抗辽朝的最基本的军事力量。

在当时的东北地区，除了女真民众之外，又生活着一大批渤海族的民众。这些民众的势力也较为强大，是金太祖打天下的重要支持力量之一。当时有些人甚至认为，女真就是从渤海族分出的一个旁系支族。当金太祖占有东北地区之后，这些渤海族民众也都归降了金朝。这时的渤海族归降民众大致分为两种状况：一种是已经有了军事组织形式，同样被称为猛安或是谋克；另一种虽然也是有了军事组织，却被称为万户或是千户。

对于这些归降的民众，最初也没有固定的称呼。如天辅二年（1118年）有汉族民众与渤海族民众前来归降，金太祖即下令："以降将霍石、韩庆和为千户。"又如"咸州都统司言，汉人李孝功、渤海二哥率众来降。命各以所部为千户"[2]。霍石、韩庆和、李孝功应该皆是汉族民众，而渤海二哥所"率众"则应该是渤海族民众。这些民众都被编入千户军事组织之中，成为金朝抗击辽朝的重要力量。

此后，随着金朝势力的不断扩张，在猛安谋克之上，又设置了级别更高的万户。如天会四年（1126年），金太宗"出金牌，命孛董大抃以所领渤海军八猛安为万户"[3]。文中"大抃"为渤海将领，把他手下的八个猛安（即千户）组织起来，成为万户，并授以金牌，作为万户的标志。这时的猛安与千户的称呼虽然不同，但是权力和级别是一样的。所不同的，则是军队组成结构的差异。猛安主要是以有血缘关系的士兵们组成的，而千户主要是以地缘关系组成的军队。

如金朝末年大文豪元好问在为女真人尤虎笃寿所作《神道碑》称：其家族"开国之后，一门世封猛安五人、谋克十七人、尚县主者三人"[4]。这种由家族血缘关系为主体组成的猛安谋克系统，应该就是从金代初年形成的金朝军队的典型模式。军队中的主要负责人皆是由有血缘亲属关系的人来承担。从金太祖到金太宗，再到金熙宗和金海陵王，由女真贵族统领的猛安谋克军队基本上保持着这种结构。

在金朝崛起的过程中形成的这种军事组织结构，是适应当时政

[1][2]《金史》卷二《太祖纪》。
[3]《金史》卷三《太宗纪》。
[4]《元遗山集》卷二十七《龙虎卫上将军尤虎公神道碑》。

金代　金錾花葵瓣形盘（复制品）　首都博物馆藏
荀潇　摄影

治局势变化需要的，在当时也确实起到了极为有效的作用，对于金朝推翻辽朝的腐败统治是有功的。此后，大量汉族、渤海、奚族，甚至契丹族的民众在归降金朝以后，也以这种猛安谋克形式组织起来，则已经是迫不得已的事情了。及金朝的统治基本上得到巩固之后，金朝帝王们就开始着手整顿这些军队。

第一次大规模整顿金朝军队是在金太宗大举进攻北宋之时。史称："（天会）四年，伐宋之役，调燕山、云中、中京、上京、东京、辽东、平州、辽西、长春八路民兵，隶诸万户，其间万户亦有专统汉军者。"[1]这时是把各地的猛安谋克军队会聚到一起，统一加以调整，分别隶属于各万户之下。这次整顿军队的结果是非常理想的，显示出了强大的攻击力，先后两次攻占北宋都城东京（开封），并俘获了宋朝的徽、钦二帝。

第二次大规模整顿金朝军队是在金熙宗时，这时的局势与金太宗时已经完全不一样了。这时的金朝已经和南宋之间建立了比较协调的关系。军事上双方之间的对抗已经互有胜负，处于相持阶段；经济上金朝通过"和议"从南宋获得了大量的金帛财物；政治上则是金朝凌驾于宋朝之上。因此，这一次的军队整顿主要是金朝帝王要削弱那些非女真将领手中的权力。史称："熙宗皇统五年，又罢辽东汉人、渤海猛安谋克承袭之制，浸移兵柄于其国人，乃分猛安谋克为上中下三等，宗室为上，余次之。"[2]整顿的目的非常明确，就是要让军权（兵柄）掌握在女真贵族（国人）手中。

金熙宗这次整顿还有一个要点，就是取消了汉人和渤海人的猛安谋克世袭的特权。这个整顿过程一直延续到了金海陵王时。天德三年

[1][2]《金史》卷四十四《兵志》。

（1151年）十一月，金海陵王下令："诏罢世袭万户官，前后赐姓人各复本姓。"[1]这次的整顿，已经不仅仅是针对军队的基层组织，而是涉及了军队的高层人物及其家族的利益。经过这次整顿，虽然表面上看来是风平浪静、一帆风顺的，但是实际上却增加了金海陵王与军队高层人士之间的矛盾，对他造成了极为深层的危害。

第三次大规模整顿金朝军队是在金海陵王时，这时的海陵王雄心勃勃，在营建了一座宏伟的金中都城之后，又想挥师南下，一举统一天下。为了这个远大的目标，海陵王再次对金朝的军队加以重新组合。史称："（正隆）六年南伐，立三道都统制府及左右领军大都督，将三十二军，以神策、神威、神捷、神锐、神毅、神翼、神勇、神果、神略、神锋、武胜、武定、武威、武安、武捷、武平、武成、武毅、武锐、武扬、武翼、武震、威定、威信、威胜、威捷、威烈、威毅、威震、威略、威果、威勇为名，军置都总管、副总管及巡察使、副各一员。"[2]这次的整顿军队，第一，没有使金朝军队的整体战斗力有所提高。第二，也没有使金海陵王对军队的控制更加牢固，反而起到了负面的作用，各地的许多猛安谋克纷纷起来发动反抗，造成了金朝境内的动荡不安。

二、对南宋战和关系的处理

金朝与宋朝的关系，在金朝的建立过程中就开始产生了。在当时，他们之间的关系是盟友关系，他们的共同敌人是辽朝。宋朝和辽朝结仇是在宋太宗的时候，当时宋太宗为了收复燕云十六州，曾经大举北伐，但是在辽南京（宋朝仍然称之为幽州）的高梁河畔，遭到辽朝军队的顽强抵抗和奋勇反击，使得在人数上占有绝对优势的宋朝军队大败而逃，从而失去了一次最佳的收复失地的机会。宋太宗的屁股上还被辽军射了一箭，视为终身大耻。此后，宋朝一直也没有放弃要收回燕云十六州的愿望。

金朝的崛起，以及屡败辽军的傲人战绩，给了宋朝又一次收复失地的希望。于是，在金朝天辅元年的年底，宋朝派出登州防御使马政从山东半岛渡海来到东北，提出愿意与金朝联手攻打辽朝的建议，并且提出："若克辽之后，五代时陷入契丹汉地，愿界下邑。"翌

[1]《金史》卷五《海陵纪》。
[2]《金史》卷四十四《兵志》。

家"，就是要结束当时的天下分裂
的格局。金海陵王又曾与另一位臣
下张仲轲讨论天下大势："海陵与
仲轲论《汉书》，谓仲轲曰：'汉
之封疆不过七八千里，今吾国幅员
万里，可谓大矣。'仲轲曰：'本
朝疆土虽大，而天下有四主，南有

南宋李嵩《西湖图卷》

宋，东有高丽，西有夏，若能一之，乃为大耳。'海陵曰：'彼且何
罪而伐之？'仲轲曰：'臣闻宋人买马修器械，招纳山东叛亡，岂得
为无罪？'海陵喜曰：'向者梁珫尝为朕言，宋有刘贵妃者姿质艳
美，蜀之华蕊、吴之西施所不及也。今一举而两得之，俗所谓"因
行掉手"也。江南闻我举兵，必远窜耳。'"[1]张仲轲在这里所说的
"天下有四主"，就是指中国处于分裂之中，而金海陵王要做天下一
家之主，就要攻灭三国。

金海陵王要想攻灭南宋，还有一个重要的原因，就是他对江南财
富的贪婪。与北方相比，江南地区风景秀丽，物产丰厚，是很多北方
人士，特别是统治者们极为向往的。据时人传，宋朝著名词人柳永曾
经作有《望海潮》词，词中写有杭州西湖的景色，如"有三秋桂子，
十里荷花。羌管弄晴，菱歌泛夜，嬉嬉钓叟莲娃"之句，遂使金海陵
王起了"投鞭渡江之心"。当时宋人作诗形容："谁把杭州曲子讴，
荷香十里桂三秋。那知卉木无情物，牵动长江万里愁。"所谓"长江
万里愁"，愁的就是金朝大兵压境，烽火连天。

但是，金海陵王把灭宋战争看成一件十分容易的事。他在对张仲
轲谈及灭宋之事时，曾曰："朕举兵灭宋，远不过二三年，然后讨平
高丽、夏国。一统之后，论功迁秩，分赏将士，彼必忘劳矣。"海陵
王又有一次与臣下萧玉谈及伐宋之事，"玉对曰：'不可。'海
陵曰：'朕视宋国犹掌握间耳，何为不可。'玉曰：'天以长江限
南北，舟楫非我所长。苻坚百万伐晋，不能以一骑渡，以是知其不
可。'海陵怒，叱之使出"[2]。金海陵王"视宋国犹掌握间耳"的口
吻，显示出他已经把攻灭南宋看成是一件很容易的事，因此对于萧玉
的劝诫十分反感。

[1]《金史》卷一百二十九《张
仲轲传》。
[2]《金史》卷七十六《萧玉传》。

此后历史进程证明：第一，金海陵王要统一天下的政治愿望是没错的，错的是他误判了双方力量的强弱对比，导致他贸然发动进攻，并遭到了顽强抵抗，最终兵败被弑。第二，金海陵王征调大军南伐的举措没有得到金朝百姓的支持，也没有得到宋朝百姓的认可，因此，在受到宋朝军民顽强抵抗的同时，致使金朝境内的叛乱四起，并最终导致了完颜雍利用叛乱而发动政变，夺得政权，庙号金世宗。金世宗即位之后，金、宋之间的关系发展进入第五个阶段，再次出现了双方的大致平衡，从而进入了另一个较长时间的和平期。

第四节　在文化上的举措

金海陵王在执政期间，对金朝文化方面采取了一系列的举措，推动了金朝文化的发展。自金朝初年开始，女真帝王们就对中华民族的农耕文化十分仰慕，并且采取了积极的学习态度。金海陵王就是在这种大环境中生长起来的，因此他在执政以后，也保持了自太祖、太宗、熙宗以来的一贯文化举措。故而后人评论说："金用武得国，无异于辽，而一代制作，能自列于唐、宋之间，有非辽所及者，以文不以武也。……金源一代文物，上掩辽而下轶元，非偶然也。"[1]辽、金、元三朝皆是由少数民族领袖建立的王朝，但是与契丹和蒙古族的帝王相比，女真帝王在推崇中华农耕文化方面确实有更加突出的表现。

在中国古代，儒家学说是整个农耕文化的核心内容，而礼制设施则是体现儒家学说的具体举措。对于一整套完备的礼制设施而言，金

[1] 清·赵翼《廿二史札记》卷二十八《金代文物远胜辽元》。

朝统治者最初是十分陌生的，在其势力不断扩张之后，逐渐接触到更多的儒家学说，也就陆续开始对礼制设施加以建设。而这个历史发展的进程，最终是在金海陵王时完成的，特别是在金中都城扩建之后，进一步得到完善。

从海陵王个人的文化修养方面而言，与大多数女真帝王相比，他的文艺才能也是比较优秀的，这与他在幼年就受到良好的中原文化教育有直接的关系。从目前留下来的他创作的诗词作品来看，海陵王驾驭汉文字的能力是很强的，他的作品不仅在金朝帝王中堪称上品，就是在当时著名的诗人和词人的作品中也是比较少见的佳作。

在对待宗教文化方面，金朝帝王与此前的辽朝帝王和此后的元朝帝王相比，也有很大差异。辽朝和元朝的帝王对宗教，特别是对佛教的尊崇达到了空前绝后的程度，并且在辽南京和元大都建造了众多的寺庙。众多高僧在辽朝被封为三公，在元代被封为国师、帝师，荣宠无比。但是在金代，这种情况却很少出现，特别是金海陵王，不仅没有表现出对佛教的崇敬，甚至还杖责当时的高僧及尊崇高僧的大臣，也是极为少见的极端行为，表现了他对宗教文化的明确态度。

一、对儒学的态度

在中国古代，创造了伟大农耕文化的主体的汉族民众主要生活在中原地区，而生活在四周的诸多少数民族民众对于农耕文化大多持有仰慕的心态。生活在东北白山黑水之间的广大女真民众，虽然远离中原地区，却仍然十分仰慕中原地区的农耕文化。因此，从金太祖立国开始，就在不断笼络精通农耕文化的士人，给予优厚的待遇，并发挥他们的重要作用。对于那些归降金朝的士人而言，其中的一项重要作用，就是培养这些金朝帝王的子孙贵族，让他们也能够逐渐掌握农耕文化的精髓，即儒家的政治学说。

金海陵王完颜亮的父亲完颜宗干就是一位十分有远见的女真贵族。他早在完颜亮年幼之时就聘请了一位辽上京（今内蒙古巴林左旗境内）的儒士张用直作为家庭教师，以教导完颜亮兄弟。史称："张用直，临潢人。少以学行称。辽王宗干闻之，延置门下，海陵与其兄衮皆从之学。"[1]值得一提的是，不仅完颜亮兄弟拜他为师，而当时

[1]《金史》卷一百〇五《张用直传》。

法源寺在金代仍称悯忠寺，金朝曾在此举行女真科举考试　振阳 摄影

被完颜宗干收养的完颜亶（即金熙宗）也应该受到他的教育，因此同样对农耕文化有着浓厚的感情。像张用直这样的一批文士，确实培养出了数位金熙宗、金海陵王这样的女真帝王。

金海陵王曾经在一次和张用直的谈话中讲道："朕虽不能博通经史，亦粗有所闻，皆卿平昔辅导之力。太子方就学，宜善导之。朕父子并受卿学，亦儒者之荣也。"[1]由此可见，金海陵王对幼年受到张用直的教导印象是非常深刻的，故而他在即位之后，又让张用直出任太子詹事一职，继续作为皇太子的老师。当时人们在金熙宗身上看到的"亶幼而聪达，贯综经业。喜文辞，……所与游处，尽文墨之士，有未居显位者，咸被荐擢"，以及在金海陵王身上看到的"好读书、学弈、象戏、点茶，延接儒生，谈论有成人器"，这些现象，应该都是张用直教育的结果。

对于金海陵王等人仰慕并推行农耕文化的举措，有些女真贵族是不以为然的，甚至提出反对意见。例如金世宗，他在一次与契丹族臣下的谈话时说道："亡辽不忘旧俗，朕以为是。海陵习学汉人风俗，是忘本也。若依国家旧风，四境可以无虞，此长久之计也。"[2]金世

[1]《金史》卷一百〇五《张用直传》。
[2]《金史》卷八十九《移剌子敬传》。

宗的这个观点是十分荒谬的，他为了打击海陵王，竟然说海陵王"习学汉人风俗，是忘本"，然而不忘本的辽朝已经灭亡了，而他自己坚持女真风俗也没有任何效果，最终金朝也灭亡了。这种少数民族和汉族之间的民族融合以及文化融合是历史发展的大趋势，是任何人都无法阻挡的。海陵王顺应这个大趋势是完全正确的。

在中国古代，儒家学说之所以长盛不衰，除了它所具有的内在合理性之外，科举制度的产生应该是影响最大的一项举措。整个考试过程，是以儒家的经典著作为依据来制定考试题目，考生的答卷内容也是以儒家经典为依据，来最终确定答案是否正确。在科举考试结束之后，又有一大批考生可以通过考试而获得在政府中任职的机会，从而进入仕途，以实践其政治抱负。因此，自隋唐时期制定科举考试制度之后，就一直沿用到清朝末年。

金朝在立国不久，就制定了相应的科举考试制度，由此来获取一大批优秀的人才，为巩固金朝统治服务。当时的金朝科举考试制度，是参考了辽朝和宋朝的考试制度来制定的。而考试的范围也只是在局部地区，所谓"沈州榜、平州榜、真定榜"等，皆是指考试场所和大致范围，并没有统一的规定。到金太宗天会十年（1132年），当金朝在中原地区的统治得到基本巩固之后，才制定了全国科举考试的统一标准，并在此后的金熙宗及金海陵王时得到进一步完善。

就考试内容而言，金朝遵行的则是隋唐以来儒家经典著作的模式。在经学方面，所用的考试依据为"九经"，即《周易》《尚书》《诗经》《春秋左氏传》《礼记》《周礼》《论语》《孟子》《孝经》。史学方面，则用的是"十七史"，包括了从《史记》到新旧《五代史》等最权威的史学著作。而对于这些大部头的经史著作，金朝政府又规定了标准的笺注答案，以及标准的刻印版本，系以国子监刊印的版本为依据。这些规定使得金朝的科举考试更加规范。

海陵王对于金朝的科举考试极为重视，特别在天德二年（1150年）增加了"殿试"这个环节。当时人称："迨亮杀亶自立，甚有尊经术、崇儒雅之意，始设殿试。"[1]此外，他又取消了以前的"南北选"制度，并"罢经义、策试两科，专以词赋取士"[2]。由此可见，海陵王对词赋的重视程度，要远远超过经义和策试。

[1] 宋人张棣《金虏图经》见《三朝北盟会编》卷二百四十四。
[2]《金史》卷五十一《选举志》。

还有一件事，很能说明金海陵王对于科举的看法。史称："初，近侍有欲罢科举者，上曰：'吾见太师议之。'浩入见，上曰：'自古帝王有不用文学者乎？'浩对曰：'有。'曰：'谁欤？'浩曰：'秦始皇。'上顾左右曰：'岂可使我为始皇乎！'事遂寝。"[1]作为海陵王身边的近侍，是与他关系极为密切的人，提出要废除科举。对此，海陵王并没有直接答复，而是用地位很高的太师张浩的答复来作为自己的答复。废除科举和任用文学之士虽然有联系，却不是一回事。海陵王只是借用了一个秦始皇的故事，就堵住了近侍者的口。由此可见，他对于科举制度的施行是支持的。

二、对礼制的建设

在中国古代，最高级别的礼制建筑是皇家专属的建筑，通常皆是设置在都城，金朝也不例外。而在皇家的礼制建筑中，又以宗庙及陵墓最为重要。金朝最重要的都城有两处，一处是在立国之初设置的金上京（今黑龙江哈尔滨市阿城区），另一处是在金海陵王即位后扩建的金中都（今北京）。在这两处建造的皇家礼制建筑，有着较大的差别，金上京的礼制建筑大多处于草创阶段，故而比较简陋，而金中都的礼制建筑则已经颇具规模了。

房山金陵　刘妹平　摄影

金朝的宗庙设置，始于金太宗。在金太祖时，并没有建造设置祖先牌位的宗庙。及金太祖死后，金太宗将其加以安葬，才开始有了宗庙之制。史称："金初无宗庙。天辅七年九月，太祖葬上京宫城之西南，建宁神殿于陵上，以时荐享。自是诸京皆立庙，惟在京师者则曰太庙。"[1]这是金太宗建造的金朝第一座太庙，位于金上京宫城西南的金太祖陵墓之上。这座太庙比较简陋，只有一处建筑，即宁神殿。

及金熙宗即位后，进一步完善宗庙设施，于是在天会十四年（1136年）八月下令："追尊九代祖以下曰皇帝、皇后，定始祖、景祖、世祖、太祖、太宗庙皆不祧。"[2]这是第一次对金朝的宗庙祭祀制度予以明确规定。但是，这时的太庙设施比较简陋，已经不能满足皇家祭祀活动的需要，于是，金熙宗又在皇统三年（1143年）五月重新在金上京城里建造了太庙及社稷坛。这次的建造工程应该比较大，直到皇统八年（1148年）八月，建造太庙的工程才告竣工。但是，这次建造的太庙仅仅保留了十年，而使用连十年都不到，就因为金海陵王迁到金中都，另建新太庙，这座旧太庙到正隆二年（1157年）被下令拆毁了。

海陵王在扩建金中都城之后，在这里建造了金朝的第三座太庙。"迨亮徙燕，遂建巨阙于内城之南、千步廊之东，曰太庙。标名曰衍庆之宫，以奉安太祖旻、太宗晟、德宗宗干（亮父）。又其东曰元

房山金陵宫殿遗址　刘明月　摄影

[1]《金史》卷三十《礼志》。
[2]《金史》卷四《熙宗纪》。

庙，以奉安元祖克者、仁祖大圣皇帝杨割。至衰立，迁亮父德宗于外室，复奉安父懿宗宗尧于太庙。其昭穆各有序。"[1]文中有误者，衍庆之宫不是太庙的名称，而是原庙（又作元庙）的名称。

金海陵王建造的这座太庙，位于中都城中轴线的东侧，应该是建成于贞元三年（1155年）十一月初。因为在同年十月上旬，金朝官员从金上京的太庙中把诸位帝王的神主迁移到金中都城之后，因为新的太庙尚未建好，于是，"权奉安太庙神主于延圣寺，致奠梓宫于东郊，举哀"，直到十一月下旬，才举行仪式，"奉安神主于太庙"[2]。这座太庙自建成之后，历经海陵王、金世宗、金章宗、金卫绍王四朝，一直使用到金宣宗迁都汴京、金中都城被蒙古军队攻占为止。

金海陵王在位时期，又建造了金朝的第四座太庙。这座太庙建造的地点是金南京（又称汴京），建造时间历史文献无明确记载，应该是始建于正隆三年（1158年）十一月，建成的时间最迟是在正隆五年（1160年）的年底。这是因为金海陵王为了攻灭南宋，把都城从金中都城南迁到金南京城。他为此在金南京城重新修造了宫殿、坛庙等建筑。而太庙，正是这些都城皇家建筑中的一处重要设施。

这座太庙建成不久，金海陵王就在南伐战争中被弒，迁都之事亦告中止，金世宗仍然定都在金中都城，金南京城的太庙也就不再使用。但是，在元太祖指挥蒙古军队大举南下之后，金宣宗放弃中都城，迁到金南京城之后，这座由金海陵王修建的太庙遂被重新修建，再度启用。金宣宗在南逃之时，就把金中都城里太庙的诸帝牌位（称神主）一起带到了金南京城，此后便供奉在这里，一直祭祀到金朝末年。因此，在金朝建造的四座太庙中，有两座是由金海陵王建造的。

金朝开始重视皇陵的设置，始于金熙宗。在此之前，金太祖、太宗之时，对于帝王的安葬比较简略，正如时人所称："虏人都上京，本无山陵。祖宗以来，止卜葬于护国林之东，仪制极草创。"[3]金熙宗即位后，开始对皇陵加以尊崇。他在天会十三年（1135年）下令，将皇陵正式加以命名，金太祖的陵墓改葬后称为和陵，金太宗的墓与金太祖葬在了一起，他自己的父亲完颜宗峻被尊为景宣皇帝，庙号徽宗。然后，又"改葬徽宗及惠昭后于兴陵"[4]。

金太祖的陵墓，最初是在金上京宫城西南，及金熙宗改葬，其地

[1][3] 宋人张棣：《金虏图经》，载《三朝北盟会编》二百四十四。
[2]《金史》卷五《海陵纪》。
[4]《金史》卷四《熙宗纪》。

《文姬归汉图卷》局部　　（金）张瑀 绘

征至维扬，望江左赋诗，其志气亦不浅。"这个评价是比较客观的。

金海陵王的望江左赋诗虽然只有短短的四句，却流传极为广泛，诗曰："万里车书尽会同，江南岂有别疆封。屯（一作提）兵百万西湖上，立马吴山第一峰。"[1]这首诗是金海陵王率领大军企图一统天下时所作，表现了他气吞山河的抱负，但是，最终在现实面前，却因为相关的历史条件不具备，而碰得头破血流，被弑身亡。

就文学素养而言，金海陵王应该说是女真贵族中的佼佼者。如同样是在大战前夕，他作有《喜迁莺》词一首，词曰："旌麾初举，正驶骤力健，嘶风江渚。射虎将军，落鹏都尉，绣帽锦袍翘楚。怒磔戟髯，争奋卷地，一声鼙鼓。笑谈顷，指长江齐楚，六师飞渡。此去无自堕，金印如斗，独把功名取。断锁机谋，垂鞭方略，人事本无今古。试展卧龙韬韫，果见成功旦暮。问江左，想云霓望切，玄黄迎路。"[2]从创作角度而言，这首词的意境之宏大、功力之深厚，在金代的文坛上属于上乘之作。

金海陵王的另一首词作也在后世流传，并得到赞赏。这是一首《鹊桥仙》词，是他在从金中都来到金南京时适逢中秋节遇到乌云遮月，在等月亮露出光亮时的戏作："停杯不举，停歌不发，等候银蟾出海。是谁遮定水晶宫，作许大，通天障碍？虹髯燃断，星眸睁裂，犹恨剑锋不快。一挥挥断彩云根，要看嫦娥体态。"[3]通过这首词，

[1][2] 见《御订全金诗·增补中州集》卷首上《帝藻》。
[3] 明人沈德符《万历野获编》卷一《中秋无月诗》。

把金海陵王的狂放不羁、豪爽强势的心态表露无遗。显然，这种在狂放中显示出的傲然之气，正是绝大多数文人墨客所缺少的。

金海陵王对于文士的赏识和提拔，有时是不循规蹈矩的。如宋朝文士施宜生归降金朝后，就被海陵王召为翰林直学士。此后，又"撰《太师梁王宗弼墓铭》，进官两阶。正隆元年（1156年），出知深州，召为尚书礼部侍郎，迁翰林侍讲学士"[1]。因为有文采，受到海陵王赏识，升迁很快。只是因为出使南宋，泄露军机而被处死。

又如燕人任熊祥，为辽朝进士，自金太宗时在燕京任职。金海陵王招他主持科举考试，"熊祥被诏为会试主文，以'事不避难臣之职'为赋题。及御试，熊祥复以'赏罚之令信如四时'为赋题，海陵大喜，以为翰林侍读学士"[2]。这种因为才华出众而得到金海陵王赏识，从而在仕途一帆风顺的事情是不少见的。

是时又有文士杨伯仁，为金熙宗时进士，天德年间，"海陵尝夜召赋诗，传趣甚亟，未二鼓奏十咏，海陵喜，解衣赐之。海陵射乌，伯仁献《获乌诗》以讽"[3]。此后一直到金世宗时，他都一直在翰林院任职，受到重用，并以"文词典丽"而著称。

再如契丹人萧永祺，在金海陵王未即位时就受到赏识，海陵王即位后，更是一路升迁："天德初，擢左谏议大夫，迁翰林侍讲学士，同修国史，再迁翰林学士。明年，迁承旨。"[4]此后，海陵王又想提拔他出任尚书左丞，主持政务，被他拒绝了。而在平日海陵王向他咨询政事时，他也多以宽厚之论导引之，颇有长者之风。

金海陵王的这种任用文士的举措，是从金代初年就开始的。史称："程寀、任熊祥，辽之进士，孔璠、范拱事宋、事齐，太祖皆见礼遇，而金之文治日以盛矣。张用直，海陵父子并列旧学。刘枢之练达，王翛之强敏于事，杨伯雄之善讽谏、工辞藻，萧贡、温迪罕缔达之文艺适时，之数人者迭用于正隆、大定、明昌之间。……金源氏百余年所以培植人才而获其效者，于斯可概见矣。"[5]正是在金海陵王的努力之下，这一优良传统得以在大定、明昌年间不断延续下来。

四、对宗教的态度

在中国古代，自从佛教传入以后，就开始在与儒家文化和道教

[1]《金史》卷七十九《施宜生传》。
[2]《金史》卷一百〇五《任熊祥传》。
[3]《金史》卷一百二十五《杨伯仁传》。
[4]《金史》卷一百二十五《萧永祺传》。
[5]《金史》卷一百〇五《赞语》。

文化的不断冲突中相互融合，到了唐代，逐渐完成了佛教中国化的进程，其势力及影响也逐渐超越道教，排在了三教中的第二位。这个发展进程，又是与历代帝王的大力扶持密切相关的。在中国古代的诸多朝代中，尊奉佛教的帝王占绝大多数，只有少数几位帝王曾经采取过"灭佛"的极端行动。辽宋金时期是继魏晋南北朝之后又一个较长时间的分裂时期，北方的辽金两朝的佛教文化大致一脉相承，而两宋的佛教文化发展又成为另一局面。

菩萨漆金彩绘木雕像，金代佛像，上海博物馆古代文物

从总体上来看，金朝统治者对于佛教的发展是采取抑制的态度，并加以较为严格的管理，使金朝疆域内的佛教发展速度较为缓慢，这一点，我们通过与此前辽朝、此后元朝的统治者所采取的举措相比较，就可以看得很清楚。首先，是由帝王敕建的寺庙数量较少。其次，是由帝王封赠的高僧数量也较少。最后，是由帝王主持的各种活动，如抄写刊印经书、举办大规模的饭僧活动等也很少。金海陵王就是在这样的环境中成长起来的，也继承了此前诸位帝王的一贯举措。

在金朝初年，仅金太宗在燕京城建造有寺庙一座，称大延圣寺。因此，这座寺庙在燕京城里应该占有极为重要的地位。如金海陵王从金上京迁往金中都时，曾经把上京太庙中的诸帝牌位也迁到中都城，当时中都城的太庙尚未修好，故而金海陵王下令："权奉安太庙神主于延圣寺。"[1]这时的金中都城里，虽然也有不少前朝留下的寺庙，却没有任何一座的政治地位可以和延圣寺相比。

也是在同一年，还发生了一件事情。当时有磁州（今河北磁县）高僧法宝在金中都从事佛教活动后，准备回归乡里，都城有诸多政府官员加以挽留。这事被金海陵王得知后，就把这些官员召到面前，训话说："闻卿等每到寺，僧法宝正坐，卿等皆坐其侧，朕甚不取。佛者本一小国王子，能轻舍富贵，自苦修行，由是成佛，今人崇敬。以希福利，皆妄也。……间阎老妇，迫于死期，多归信之。卿等位为宰辅，乃复效此，失大臣体。"[1]于是海陵王下令，将挽留高僧法宝的官员张浩、张晖等人各杖责二十棍，又杖责高僧法宝二百棍。这种情况，不仅在金朝是绝无仅有的，就是在中国古代历史上，也是很罕见的。由此亦可看出，金海陵王对于佛教产生的渊源是十分了解的，对于佛教的本质及其作用也是极为清楚的。他认为张浩等人对高僧法宝的尊崇是"失大臣体"，这是海陵王所不能容忍的。而高僧法宝的行为在海陵王看来则是"妄自尊大"，因此而受到杖责二百的惩罚。

正隆元年（1156年），海陵王因为迁都，下令更改年号，大赦天下。于是在这一年的二月八日，"御宣华门观迎佛，赐诸寺僧绢五百匹、彩五十段、银五百两"[2]。在当时的北方地区，每年的二月八日被称为"出家日"，广大民众皆要举行"迎佛"的庆祝活动，十分热闹。海陵王为了庆祝从金上京迁到金中都的举措顺利完成，也就借着民众的"迎佛"活动来增加喜庆的氛围。此后不久，他在同年十一月又下令："禁二月八日迎佛。"[3]由此可见，海陵王对于佛教的发展所采取的主要是打击和压制的政策。

遍查《金史》，金朝帝王从来也没有举行过大规模的"饭僧"活动，也没有举行过抄写佛经和刊印佛经的活动。就连对寺庙的建造，在金海陵王之前，也只有金太宗建造过一座寺庙。直到海陵王死后，金世宗才又在金中都地区建造了几座寺庙。金朝佛教的发展，也是在金世宗大定年间才逐渐繁荣起来。

五、其他文化活动

金海陵王在位十二年，曾经举行过一些文化活动，也曾经发布过一些有关文化的命令，从中我们也可以看出他的一些文化倾向。女真崛起于东北白山黑水之间，有许多独特的民俗活动，但是在与辽朝和宋朝的民众相互交往中，也受到其他不同民族的民俗文化影响，从而接受其他民族的民俗文化，这种现象正是民族融合的最好例证。

时人曾描述女真民众最初的生活环境，称："其地则至契丹东北隅，土多林木，田宜麻谷。以耕凿为业，不事蚕桑。……其人则耐寒忍饥，不惮辛苦，食生物，勇悍不畏死。其性奸诈，贪婪残忍，

[1]《金史》卷八十三《张通古传》。
[2][3]《金史》卷五《海陵纪》。

贵壮贱老。善骑，上下崖壁如飞，济江不用舟楫，浮马而渡。精射猎……"[1]由此可见，女真民众在进化过程中，完成了从田猎向农耕的转变。

这种生产模式的转变，也带来了民风民俗的转变。就农耕民族而言，特别重视春天的节气变化，其中，立春日是一个非常重要的节日。人们在这一天，往往会举行"击土牛"的民俗活动。在立春日前几天，人们就在居住城镇的东门外塑造一只土牛，有些是带有五彩的土牛，然后在立春日由当地长官用彩色的棍子（又称彩鞭）将土牛击碎。如果是在都城，有时是由帝王亲自来击碎土牛。

击土牛的活动有几层文化含义：其一，是要向广大民众表示，春耕的季节已经来到了，大家都要准备好耕种农田的工作。其二，是代表广大民众送走冬寒，迎来春天。其三，还有些人用击碎的土牛身上的土块，来占卜这一年的收成好坏。总之，这项活动是农耕地区广大民众十分重视的一项民俗活动。而在金朝崛起之初，这项活动已经传播到了白山黑水之间。

时人称："其城邑宫室，类中原之州县廨宇，制度极草创。居民往来或车马杂遝，皆自前朝门为出入之路，略无禁限。每春正，击土牛，父老士庶，无长无幼，皆观看于殿之侧。主之出朝也，威仪体貌，止肖乎守令。"[2]由此可见，立春日的击土牛活动，早在金太祖、太宗时就已经在金上京成为女真民众喜闻乐见的重要民俗活动。也表明，这时的金朝帝王已经比较重视农业生产了。

金海陵王即位之后，曾在天德三年（1151年），"立春，观击土牛"[3]。因为当时尚未动工扩建金中都城，故而这次的击土牛活动仍然是在金上京举行的，是延续了金太祖、太宗以来的民俗活动。值得注意的是，作为记载金朝兴亡而由官修的正史，在《金史》中，竟然只有金海陵王这一次"观击土牛"的活动。是史官忘了记载，还是金朝帝王不再举行这样的活动，不得而知，却又值得思考。

在中国古代，还有一项春天的重要民俗活动，即元宵节赏花灯。这项活动，比击土牛的民俗要晚了一些，始于唐代，而兴盛于宋代。宋人曾描述东京（开封）元宵节灯山之热闹："灯山上彩，金碧相射，锦绣交辉。面北悉以彩结山沓，上皆画神仙故事，或坊市卖药卖

[1] 见《三朝北盟会编》卷三。
[2] 宋人张棣：《金图经·京邑》。
[3]《金史》卷五《海陵纪》。

[1]《东京梦华录》卷六《元宵》。
[2]《金史》卷五《海陵纪》。
[3]《大金国志》卷十三《海陵炀王上》。

卦之人。横列三门，各有彩结。金书大牌，中曰都门道，左右曰左右禁卫之门。上有大牌曰宣和与民同乐。彩山左右以彩结文殊、普贤，跨狮子、白象，各于手指出水五道。其手摇动，用辘轳绞水上灯山尖高处，用木柜贮之。逐时放下，如瀑布状。"[1]其他娱乐活动，数不胜数。

　　到了金代，这项活动仍然得到延续。其热闹程度，是远逊于北宋东京（开封）的元宵活动的。在金海陵王在位时，举办过两次元宵节的灯山娱乐活动。一次是在天德三年（1151年）的正月十五元宵节，史称："初造灯山于宫中。"[2]这时因为还没有迁都，故而是在金上京的皇宫之中，因此参加娱乐活动的人并不多，对于海陵王而言，这也是他第一次组织建造灯山。

　　海陵王第二次组织元宵节的灯会，是在贞元元年（1153年）的正月十五，时人称：海陵王"元夕张灯，宴丞相以下于燕之新宫，赋诗纵饮，尽欢而罢"[3]。这时的他刚刚从金上京来到金中都，举行庆祝

云居寺　刘明月　摄影

活动的心情是很好的，所以"尽欢而罢"。这次活动的规模也不大，只是与一些他亲近的大臣，而不是都城百姓一起庆祝的。

[1]《汉书》卷二十三《刑法志》。
[2]《大金国志》卷三《太宗文烈皇帝一》。

在金海陵王即位之后，有两项娱乐活动是比较突出的：其一是角抵戏，其二是击鞠比赛。角抵戏的形成时间较早，史称："春秋之后，灭弱吞小，并为战国，稍增讲武之礼，以为戏乐，用相夸视。而秦更名角抵，先王之礼没于淫乐中矣。"[1]据此可知，角抵戏的起源，是为了显示武功，此后则加入了百戏的内容。其兴盛则是在秦汉至隋唐时期。

到了金代，金太宗时曾经在金上京组织过这项活动。当时出使金国的宋朝大臣许亢宗曾经描述过当时的情景："金国素无城郭、宫室，就以所居馆燕，悉用契丹旧礼。如结彩山、作倡乐、寻幢角抵之伎、斗鸡击鞠之戏，与中国同。但于众乐后饰舞女数人，两手持镜上下，类神祠中电母所为者，莫知其说。"[2]由此可见，当时的金朝统治者对于前来的宋朝使臣是非常重视的，用各种热闹的表演来表示欢迎，"角抵"就是其中的一种。

大觉寺又称西山大觉寺、大觉禅寺，位于北京市海淀区阳台山麓，始建于辽代咸雍四年（1068年），称清水院，金代时大觉寺为金章宗西山八大水院之一，后改名灵泉寺，明重建后改为大觉寺　刘明月　摄影

金海陵王时组织的角抵活动有两次。第一次是在贞元三年（1155年）六月，"登宝昌门观角抵，百姓纵观"[1]，这次角抵戏的规模应该是比较大的，海陵王这才让都城的百姓皆前来观看。第二次是在正隆元年（1156年）正月，"观角抵戏"，这次的规模，显然不如前一年的大，故而没有让都城百姓观看。

击鞠活动就是打马球比赛，最初盛行于唐代，也是一种崇尚武功的游戏。到了此后的五代及辽宋金时期，成为人们特别是军人十分喜爱的一项活动。当时的许多将领，皆是以擅长"击鞠"而自豪。如海陵王时的大将完颜亨，史称："亨击鞠为天下第一，常独当数人。马无良恶，皆如意。马方驰，辄投杖马前，侧身附地，取杖而去。每畋猎，持铁连锤击狐兔。"[2]因此而遭到海陵王忌恨，死于非命。

金海陵王组织的"击鞠"活动是在贞元二年（1154年）九月的重阳节，"常武殿击鞠，令百姓纵观"[3]。第一，常武殿是海陵王在金中都新建的宫殿，主要就是帝王组织"击鞠"的重要场所。海陵王死后，金世宗和金章宗也曾经在这里举行过"击鞠"活动。第二，海陵王组织的这次"击鞠"活动规模应该颇为宏大，所以才下令都城的百姓们前来观看。

[1]《金史》卷五《海陵纪》。
[2]《金史》卷七十七《完颜亨传》。
[3]《金史》卷五《海陵纪》。

第四章　扩建中都

在金海陵王即位后所采取的多项重大举措中，从金上京迁都到金中都，并且将金中都城加以扩建，应该是最重要的一项举措。从金朝整体发展的角度来看，把原来女真统治中心的金上京加以废弃，迁移到中原地区的金中都，是非常必要的。但是，从女真发展的历程来看，这个举措自然会受到许多女真贵族的反对，这股反对的势力是非常强大的，如果不用强力的手段，显然是无法达到预期目标的。

要从金上京迁移到金中都定居，是有着比较理想的基础的。首先，金上京的地理位置实在是太偏僻了，作为整个东北地区的统治中心而言，还算勉强能够胜任，但是作为整个金朝的统治中心而言，显然是很难胜任的。因此，金海陵王的迁都举措是一项势在必行的政治举措。迁都与否，直接影响到今后整个金朝发展的大趋势。只有迁都，才能够保障金朝得以继续发展。否则，就会带来极为不良的负面影响。

其次，当时燕京的城市发展规模已经很成熟了，完全可以胜任作为一个王朝的首都。在当时的中原地区，很少有几座城市的发展规模可以和燕京相比。在当时能够和燕京相比的大概只有西安、洛阳、开封和大同，而这四座城市都远离东北地区，很难在军事上得到女真贵族们的认同。军事方面的安全在定都问题上必然是一项举足轻重的因素。

最后，是文化和经济方面的巨大优势。燕京在辽代是五京之一的南京，与其他四京（辽上京、辽中京、辽东京、辽西京）相比，辽南京是文化最发达的陪都，其繁荣的程度甚至超过了辽朝的首都辽上京。在经济方面，辽南京也是辽朝五京之中最为兴盛的地方，不仅农业和手工业生产十分发达，就是在畜牧业的生产方面，也有较大的优越环境。而在商业贸易方面，辽南京又是辽、宋之间进行商品交易的主要场所。

正是因为燕京城所具备的这诸多作为都城的理想条件，才使得金海陵王决定把都城从偏在东北一隅的金上京迁移到位于中原地区的燕京城。也正是因为燕京城已经有了较大规模的城市建设作为基础，才有了金海陵王扩建金中都城的一系列举措。金海陵王的迁都举措，不仅是金朝历史发展的一个转折点，而且也是北京历史发展的一个重要转折点，使北京第一次成为占据半壁江山的少数民族政权的统治中心。

第一节　金上京的发展变化

在金海陵王迁都之前，金朝的发展曾经出现了翻天覆地的变化，这个变化堪称是中国古代历史发展中的一个奇迹。从女真部落的进化开始，到公开起兵反抗辽朝统治者的欺压，再到出兵攻灭辽朝和北宋、占据江淮以北辽阔疆域，这个发展过程，完全出乎人们的预料，也出乎女真贵族们自己的预料。

就是在这个极为巨大的发展变化进程中，金朝的各项制度也随之

金上京皇城遗迹

产生和发展，并且在逐步完善。统治中心金上京的建立、发展和逐渐完善，就是金朝初年女真贵族们的一项重要政治举措。这个过程，是与金朝疆域的不断扩大、金朝各项制度的建立和完善同步进行的，也是适应金朝初年历史发展的需要的。

随着金朝政治局势的发展，金上京的统治中心功能已经逐渐不再适应历史发展的需要，如果不能改变这种状况，金上京就会出现阻滞历史发展的现象，这种现象是必须改变的。而金海陵王篡夺皇位的事件恰好为改变金朝的统治中心提供了一个极好的契机，打破了金熙宗固守在金上京的政治格局，进一步推动了金朝向前发展的步伐。

一、金上京的建立和发展

在金朝崛起之前，女真民众尚处于部落联盟的状态，部落首领阿骨打也只不过住在白山黑水之间的简陋村庄里。及阿骨打起兵反辽，势力不断发展壮大之后，开始在部落民众的拥戴之下，称孤道寡，建立金朝，号称大圣皇帝。于是，他居住的村庄也被称为"皇帝寨"或是"御寨"。随着金朝的疆域不断扩大，势力不断增强，在攻灭辽朝

金上京历史博物馆外景　平晓东　摄影

的过程中，逐渐知道了都城的重要作用，遂将都城正式命名，这个过程，始于金太祖，而到金熙宗告一段落。

时人称：女真"世居混同江之东长白山鸭绿水之源，又名阿木火；取其河之名，又曰阿芝川涞流河。阿骨打建号，改曰皇帝寨，至亶，改曰会宁府上京"[1]。在从"皇帝寨"改称"会宁府上京"的过程中，这里的建筑也在发生变化，从一座普通的村落变成初具都城模式的城市。

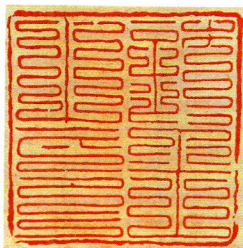

金"诰王之印"黑龙江省阿城区金上京故城出土

开始称"皇帝寨"是在金太祖时，时人称："天辅六年春，升'皇帝寨'曰会宁府，建为上京，其辽之上京改作北京。先是女真之初无城郭，止呼曰'皇帝寨''国相寨''太子庄'，至是改焉。……大宴番、汉群臣于乾元殿。大合乐击鼓百戏为乐，至夕有沾酒醉匍匐于殿之侧者。"[2]由此可知，金朝的第一个都城被称为"皇帝寨"是在天辅六年（1122年）之前，但是，它被称为会宁府上京却不是在这一年。

金朝的都城被称为上京，是在金熙宗即位后的天眷元年（1138年）六月，史称：金熙宗这时下令"以京师为上京，府曰会宁，旧上京为北京"[3]。文中所云"旧上京"是指辽朝的上京，这时被改称为北京。而辽代的东京、西京及燕京，这时皆维持着原来的名称，没有发生变化。

时人曾经对金初的金上京加以描述称："国初无城郭，星散而居，呼曰'皇帝寨''国相寨''太子庄'，后升'皇帝寨'曰会宁府，建为上京。其辽之上京改作北京。城邑、室宫，无异中原州县廨宇，制度草创。居民往来，车马杂遝，自'前朝门'直抵'后朝门'，尽为往来出入之路。"[4]这种情景应该是金太祖时上京城的状况。

到金太宗时，金上京城已经有了一些发展。当时有宋朝使臣许亢宗在天会三年（1125年）出使金朝，来到金上京，并且对这里的情景加以描述：他从驿馆出来，"可六七里，一望平原旷野，闲有居民数十百家，星罗棋布，分蹂错杂，不成伦次。更无城郭，里巷率皆背阴向阳，便于牧放，自在散居。又一二里，命撤伞，云近阙。复北行

[1]《大金国志》附录一《女真传》。
[2]《大金国志》卷二《太祖武元皇帝下》。
[3]《金史》卷四《熙宗纪》。
[4]《大金国志》卷三十三《燕京制度》。

百余步，有皁宿围绕，三四顷，高丈余，云皇城也。至宿围门，就龙台下马，行入宿围西，西设毡帐四座，各归帐歇定"。这是金上京周围的大环境，所谓的"皁宿围绕"应该就是皇城四周的城墙了，进了"宿围门"也就是进了皇城。

在皇城里面，有一座大山棚，"其山棚左曰桃源洞，右曰紫极洞，中作大牌，题曰'翠微宫'。高五七丈，以五色彩闲结山石及仙佛龙象之形，杂以松柏枝。以数人能为禽鸣者，吟叫。山内木建殿七间，甚壮，未结盖，以瓦仰铺及泥补之。以木为鸱吻，及屋脊用墨，下铺帷幕，榜额曰'乾元殿'。阶高四尺许，阶前土坛，方阔数丈，名曰龙墀"[1]。文中的"乾元殿"就是金上京皇城里面的正殿，也是金朝帝王款待宋朝使臣的地方。"翠微宫"则是乾元殿前面的一座宫殿。由此可见，金太宗时候的金上京城，其建筑是颇为简陋的。

及金熙宗即位以后，对金上京的建筑进行了一番改造。天眷元年（1138年）四月，金熙宗下令："命少府监卢彦伦营建宫室，止从俭素。"同年十二月"新宫成"[2]。在此之间的十一月，金熙宗又命画工把从始祖到康宗的十位先帝的画像画出来，"奠献于乾元殿"。这些画像在当时又被称为"御容"，放在皇城正殿乾元殿中。这个举措，使金上京的宫殿中增添了历史文化的色彩，也是政治色彩。[3]

金熙宗对于大臣卢彦伦建造的宫殿虽然指示"止从俭素"，但是，他自己对于"俭素"的宫殿却是不满意的。"皇统六年春三月，上以上京会宁府旧内太狭，才如郡治，遂役五路工匠，撤而新之。规模虽仿汴京，然仅得十之二三而已。"[4] 显然，这次

驿站 黑龙江省境内至今还有一些地名，以辽、金驿站为名，图为黑龙江省嫩江上游的第八站古驿站遗址

[1]《宣和乙巳奉使行程录》载《三朝北盟会编》卷二十。

[2]《金史》卷四《熙宗纪》。

[3] 金朝的这十位先帝，据《金史·世纪》的记载为：1. 始祖函普，是金朝完颜部落的祖先之一。被金熙宗追谥为景元皇帝，庙号始祖。2. 德帝乌鲁，函普之子。事迹不详，金熙宗时追谥德皇帝。3. 安帝跋海，乌鲁之子。事迹不详，金熙宗时追谥安皇帝。4. 献祖绥可，函普曾孙，率部落定居于安出虎水之畔。金熙宗时追谥定昭皇帝，庙号献祖。5. 昭祖石鲁，绥可之子。为部落制定条教，任辽朝惕隐官。金熙宗时追谥成襄皇帝，庙号昭祖。6. 景祖乌古乃，石鲁之子。开始统领附近部落，辽朝命其为生女直部族节度使。金熙宗时追谥惠桓皇帝，庙号景祖。7. 世祖劾里钵，乌古乃次子。承袭乌古乃节度使之职，平定部族内乱。金熙宗追谥圣肃皇帝，庙号世祖。8. 肃宗颇剌淑，乌古乃第四子。曾辅佐景祖、世祖屡建大功。金熙宗时追谥为穆宪皇帝，庙号肃宗。9. 穆宗盈歌，乌古乃第五子。在位时完颜部势力不断壮大，附近部落皆听其令。金熙宗时追谥孝平皇帝，庙号穆宗。10. 康宗乌雅束，劾里钵长子。进一步巩固完颜部在东北地区的统治。金熙宗时追谥恭简皇帝，庙号康宗。

[4]《大金国志》卷十二《熙宗孝成简皇帝四》。

建造的金上京宫殿规模又扩大了许多，比普通的"郡治"要强一些，却仍然无法达到北宋都城东京（开封）的规模，大概连"十之二三"都达不到。但是，作为远在东北一隅的偏远之地，能够建造一座都城已经是很不容易的事情了。

在此之前，金熙宗又在天会十三年（1135年）二月，将原来安葬在宫城西南的金太祖陵改迁到胡凯山下，并将刚刚死去的金太宗也安葬到这里。这个举措，使金上京城的都城功能更加突出，也更加规范，符合了中国古代都城的皇陵都是安置在都城郊外的模式。同时，他又把这些皇陵的称号进一步规范化。这一年，他尊金太祖陵为和陵，到皇统四年（1144年），又改称睿陵。金太宗陵最初也被称为和陵，后改称恭陵。

金熙宗在重新改建金上京的皇城之后，又在皇城里面增加了一些重要的礼制建筑，如在皇统三年（1143年）五月，"初立太庙、社稷"。这两组建筑，是《周礼·考工记》中所称的"左祖右社"，是中国古代都城中的标志性建筑。太庙的建造，直到皇统八年（1148年）八月才告竣。而社稷坛的建筑相对简单一些，虽然建成时间史无明文，应该是比太庙要早一些竣工的。

就历史文献中留下记载的金上京宫殿，主要有：

（1）乾元殿。据《金史》记载，金太宗天会三年（1125年）三月，"建乾元殿"。到金熙宗天眷元年（1138年）更名为皇极殿。但是，据《大金国志》记载，金太祖天辅六年（1122年）春，曾在此殿大宴群臣。

（2）敷德殿。天眷元年（1138年）建，应该是金熙宗生活的主要场所，是一组建筑。据《金史》称："朝殿，天眷元年建，殿曰敷德，门曰延光，寝殿曰宵衣，书殿曰稽古。"这组建筑共有三座宫殿，前为敷德殿，又称朝殿，是金熙宗处理政务的地方。后为宵衣殿，又称寝殿，是金熙宗休息的地方。此外还有稽古殿，又称书殿，应该是金熙宗读书的地方。

（3）凉殿。皇统二年（1142年）建，应该是金熙宗休闲的主要场所，也是一组建筑的统称。包括重明殿、五云楼、东华殿、广仁殿、西清殿、明义殿、龙寿殿及奎文殿。这组建筑的规模比较大，应该是金上京皇城内的重要建筑，也应该是金熙宗经常巡幸的地方。

（4）其他散见于金代文献的，又有泰和殿、武德殿、薰风殿、勤政殿、皇武殿等。如天德二年（1150年），金海陵王册封皇后，就是在泰和殿。当然，在金中都城的皇城里，也建有泰和殿。又如皇统四年（1144年）七月，金熙宗下令，"诏薰风殿二十里内及巡幸所过五里内，并复一岁"[1]。由此可见，薰风殿应该是金上京郊区皇家行宫的一处宫殿。再如武德殿，是金海陵王经常活动的地方。天德三年（1151年）正月，"海陵生日，宴宗室百官于武德殿"[2]。翌年二月，海陵王又在武德殿安置金太祖御容，"尽召国初尝从太祖破宁江州有功者，得百七十六人，并加宣武将军，赐酒帛"[3]。综上所述，自金太祖到金海陵王时的几十年间，金上京会宁府逐渐从一个东北偏僻草原上的小村庄发展成为一座初具规模的城市。而随着金朝势力的迅速崛起和不断发展，在金太宗和金熙宗时，这座城市有了较大发展。特别是金熙宗时仿照北宋都城东京（开封）的两次较大规模的城市建设，由于各种条件的限制，虽然不是很成功，却也使金上京逐渐发展，并进一步繁荣起来。正是在这种情况下，金海陵王迁都到金中都的举措突然打断了金上京进一步发展的轨迹，给金上京带来了一次毁灭性的打击。

二、金上京的毁坏及复兴

在金太祖到金熙宗的几十年间，金上京的建设已经有了长足发展，发生了很大变化。但是，随着金海陵王夺得皇权，这个发展进程很快就被中止了。而随着海陵王把都城迁到金中都以后，金上京遭到了毁灭性的重创。首先，是都城的各项主要功能（如政治中心、文化中心、经济中心等）逐渐消失，政治地位迅速下降。其次，是大量女真贵族和诸多民众被强行迁往新都城和中原地区，人口的大量削减也直接影响到金上京地区的经济发展。最后，是各项都城建筑遭到了严重破坏，已经很难再恢复到原来的样貌。

海陵王在决定迁都之前，曾经进一步对金上京的各项设施加以完善。如他在天德二年（1150年）六月，对金熙宗建造的太庙进一步加以修缮，"太庙初设四神门及四隅罘罳"。又如，他在翌年正月，

[1]《金史》卷四《熙宗纪》。
[2]《金史》卷六十三《后妃传》。
[3]《金史》卷八十二《海陵诸子传》。

在皇宫中建造灯山，又在都城中设置国子监。同年四月，他还下令，"罢皇统间苑中所养禽兽"[1]。但是，这时他已经决定迁都于燕京。

海陵王在决定迁都之后，就对燕京城进行了大规模的改造，这个改造过程，其力度远远超过了金熙宗对金上京的两次扩建。除了仿照北宋东京皇城及东京（开封）城的规模改建了燕京，其奢华程度甚至超过了北宋的皇城。更重要的是，他把作为都城标志的"左祖右社"，即太庙和社稷坛也在燕京加以建造，从而很快就取代了金熙宗在金上京建造的太庙和社稷坛。

与此同时，海陵王又把世代生活在白山黑水之间的一大批女真贵族及广大女真民众一起迁移到了以燕京为中心的中原地区。这项迁移工作主要有两个目的：一个是要清除那些反对迁都的女真贵族在金上京及其周围地区的势力，不让他们继续生活在金上京地区，防止他们在这里组织叛乱活动。另一个则是要加强女真的核心力量在新都城及周围地区的分布，进一步巩固自己的统治。

这两项至关重要的工作在海陵王的强力压制下得以顺利完成，在这种情况下，金上京已经变成一座失去活力的废墟，不可能再发挥

黑龙江省克东县金城乡古城村金代蒲峪路故城遗址　视觉中国　供图

任何作用。于是，海陵王在正隆二年（1157年）八月下令："罢上京留守司。"也就是取消了金上京的都城地位。同年十月他再次下令，"命会宁府毁旧宫殿、诸大族第宅及储庆寺，仍夷其址而耕种之"[1]。毁坏宫殿，是表示他不会再把都城迁回来；而毁坏诸大族第宅，则是让那些想重新回到金上京生活的女真贵族们失去回顾的依据。这时的金上京，不论是政治上的影响，还是建筑上的痕迹，统统都被海陵王抹去了。

海陵王在处理好后方的事务之后，就全力以赴地向南大举进攻，企图攻灭南宋，一统天下。但是，由于他对天下局势的误判，以及暴躁滥杀的举止，最终导致了长江边上的兵变，他也被叛乱的将领杀死。在海陵王死后，金世宗在清算他的各项"罪责"时，把他毁坏金上京也作为一项重要罪责。于是，金世宗在大定十三年（1173年）七月下令："复以会宁府为上京。"[2]并且对金上京的一些主要设施加以修复。

十年之后，金上京的一些主要设施都得到修复，于是，金世宗在大定二十四年（1184年）三月下令，要出巡金上京，并命皇太子留守金中都，"宰执以下奉辞于通州"。同年五月，金世宗回到了祖先世代居住的金上京。他一回到这里，就连着做了几件事，史称：首先，"居于光兴宫"。其次，"朝谒于庆元宫"。最后，"宴于皇武殿"。显然，这三个地方都是他下令修复的。

史称："大定五年复建太祖庙。兴圣宫，德宗所居也，天德元年名之。兴德宫，后更名永祚宫，睿宗所居也，光兴宫，世宗所居也。正隆二年命吏部郎中萧彦良尽毁宫殿、宗庙、诸大族邸第及储庆寺，夷其趾，耕垦之。大定二十一年后修宫殿，建城隍庙。二十三年以甓束其城。有皇武殿，击球校射之所也。有云锦亭，有临漪亭，为笼鹰之所，在按出虎水侧。"[3]文中所提到的诸多宫殿，如兴圣宫、兴德宫、皇武殿、临漪亭等，皆是金世宗下令修复的，只有城隍庙是新建的。

翌年元日（即春节），金世宗又"宴妃嫔、亲王、公主、文武从官于光德殿，宗室、宗妇及五品以上命妇，与坐者千七百余人，赏赉有差"[4]。这座光德殿，以前也没有文献提到过，应该也是新建的，而这座宫殿的规模相当大，可以容纳1700多人举行宴会。这种规模的

[1]《金史》卷五《海陵纪》。
[2]《金史》卷六《世宗纪》。
[3]《金史》卷二十四《地理志》。
[4]《金史》卷八《世宗纪》。

宫殿，就是在金中都也不多见。

由此可见，在金世宗的努力之下，原来被金海陵王毁坏的金上京又基本恢复了金熙宗时的大致规模。但是，这次金世宗重新巡游故乡，却变成了一次绝唱。他回到金中都以后，一直到死也再没回过金上京。而金世宗死后，金章宗即位，也从没有回过金上京。这座由金世宗耗费大量人力物力修复的昔日都城，很快就又变为废墟，无法再发挥首都甚至陪都的作用。

第二节　金朝统治中心的南移

在金朝崛起的初期，把统治中心设置在白山黑水之间的会宁府是很恰当的事情，也是适应历史发展大趋势的必然结果。但是，随着金朝势力的迅速扩张，占据的疆域越来越大，作为偏在东北一隅的金上京在发挥统治中心作用的时候就逐渐显露出弊端。当时能够感觉到弊端的女真贵族只是一小部分人，海陵王就是其中的代表。

金朝崛起的初期，金太祖主要是在巩固东北统治的基础上，再向西和向南扩张，在东北的统治基本巩固的情况下，定都在会宁府显然是最佳选择。在此基础上，金太祖全力向西拓展疆域，以攻灭辽朝为最终目标。此后，金太宗又把进攻的目标锁定为宋朝，并且很快就攻占东京（开封），取得了攻灭北宋的辉煌战绩。在攻灭北宋的战争中，燕京与西京（今山西大同）都发挥了军事大本营的重要作用，为大规模的军事进攻提供了必要的保障。

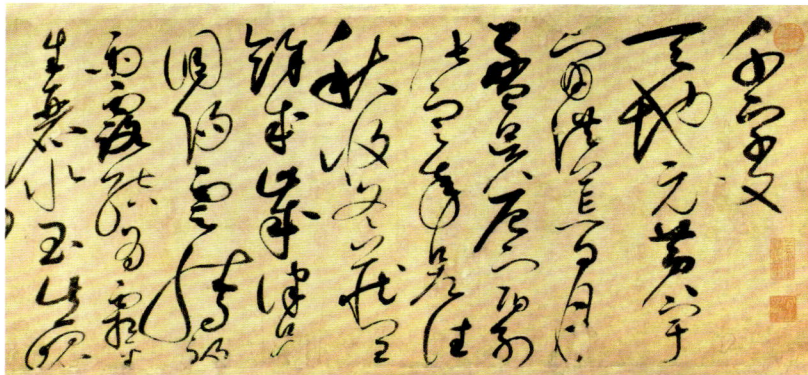

宋徽宗书《千字文》

在攻占北宋都城后不久，金、宋之间的边界已经推进到了江淮一线。这时的金上京会宁府，距离中原地区就显得比较遥远了。为了便于控制中原地区的政局，金太宗不得不扶持刘豫伪齐政权，作为金、宋之间的缓冲地带。而随着金、宋分界地带相对固定之后，在中原地区寻找并建立一个新的统治中心就成了一项迫切需要完成的政治任务。金海陵王应运而生，承担起了这个重要的政治任务，并且很好地完成了这项任务。

一、东朝廷与西朝廷

作为一个迅速崛起的政权，统治中心的作用是非常重要的。金朝初年金统治者建立金上京作为统治中心，在攻灭辽朝的进程中，发挥了重要的作用。及辽朝被攻灭，金、宋之间的矛盾斗争迅速激化，使双方从灭辽的同盟军一变而为政治利益相互对立的仇敌，随即爆发了一次比一次大的军事冲突。而这些军事冲突也已经从长城以北迁移到了长城以南，在大多数的情况下，这些冲突已经南移到了中原地区，于是，作为金朝最高统帅的金太宗，有了进攻宋朝的设想，并且很快就把这个设想付诸实践。

这时的金朝军队已经攻占了辽朝的绝大部分疆域，因此，与宋朝之间的军事对抗开始在东、西两个方向同时展开。有的金朝将领认为，对宋朝的进攻应该以东面为主，即从河北、山东一带发动进攻；也有的将领则认为应该以西面为主，即从山西、陕西一带发动进攻。但是金太宗认为，两派将领的意见都没有问题，应该从东、西两个方向同时对宋朝发动进攻。"初，伐宋，河北、河东诸将议不决，或欲先定河北，或欲先平陕西，太宗两用其策。"[1]于是，一场全面进攻宋朝的战争迅速拉开了帷幕。

金天会三年（1125年）二月，金朝将领娄室捕获辽天祚帝。四月，金太宗下令将天祚帝押送金上京。八月，"辽主延禧入见，降封海滨王"。同时，金太宗下令："诏有司拣阅善射勇健之士以备宋。"同年十月："诏诸将伐宋。"[2]这次伐宋，是以完颜杲任都元帅，坐镇金上京；以完颜宗翰为左副元帅先锋，率领一支军队从西京（今山西大同）进攻太原；又以完颜宗望为南京路都统，与挞懒、

[1]《金史》卷十九《世纪补》。
[2]《金史》卷三《太宗纪》。

耶律余睹合军，攻取燕京，然后再向南进攻。仅在这一年之中，金朝向外扩张的速度就一直处于极为紧凑的状态中。

阜昌元宝，伪齐·刘豫，中国古代货币展，辽宁省博物馆
FOTOE 供图

对于这次的大规模伐宋战争，时人称："初，金人之始用兵也，右副元帅宗杰建枢密院于燕京，以刘彦宗主之；左副元帅宗维建枢密院于西京，即云中府，以时立爱主之。……金人呼为'东朝廷''西朝廷'。"[1]文中的"宗杰"当是完颜宗望之误，"宗维"当是完颜宗翰之误，"云中府"就是山西大同。这次的大规模战争，金军大获全胜，直抵北宋都城东京（开封），逼迫宋朝签订城下之盟，然后班师。

翌年八月，金太宗再次下令："诏左副元帅宗翰、右副元帅宗望伐宋。"[2]仍然是兵分两路，同时进攻。这次的伐宋战争，比第一次的伐宋战争还要顺利，不仅再次进攻到宋朝都城，而且逼迫宋朝的徽、钦二帝出降，导致北宋王朝的灭亡。这次的燕京和西京，已经成为金朝继续进攻宋朝的两大军事指挥中心，同时又是处理中原地区东面和西面其他事务的统治中心，真正成为了金朝的"东朝廷"和"西朝廷"。

而在对燕京和西京这两座城市加以比较之后，不难看出，二者皆有着极为重要的战略地位，西京直接控制着山西、陕西及其周边地区的政治局势；而燕京则直接控制着华北到中原地区的政治局势。但是，燕京却具有一个西京所不具备的优越条件，即它是通往金上京的必经之路。只要前往东北地区，燕京必然发挥着咽喉要道的巨大作用。这个优势，也就为它在金朝初年的扩张及发展进程中往往取代了许多金上京的统治作用。

金太宗逝世，金熙宗即位，金、宋之间的疆界基本上稳定在了江淮一线，江淮以北的大部分地区皆已经在金朝的统治之下。这时的金朝政府所要考虑的主要问题，其一，是对都城的建设，在金太宗经营

[1]《建炎以来系年要录》卷二十八《建炎三年九月》。
[2]《金史》卷三《太宗纪》。

外"，即广乐园行宫中的常武殿。对于在仁政殿举行的祭天仪式，通常都是向南方拜祭，但是到了大定十八年（1178年），"上拜日于仁政殿，始行东向之礼"[1]。从金世宗开始，再举行拜日仪式，就都是向东方拜祭了。

在金中都城的皇宫之中，仅次于大安殿和仁政殿的宫殿当数庆和殿。金朝帝王在这里举行各种各样的活动。首先是帝王在此接见百官，处理政务，其功能略同于仁政殿。如泰和七年（1207年），金章宗召集御史大夫崇肃、吏部尚书范楫、户部尚书高汝砺、礼部尚书张行简等十四人同至庆和殿议事。其次是帝王生辰在此接受群臣的朝贺，其功能略同于大安殿。如在大定二十八年（1188年），"万春节，宋、高丽、夏遣使来贺。御庆和殿受群臣朝"。[2]文中的"万春节"就是金世宗的生辰。最后是帝王经常在这里举行宴会，如金世宗时，"显宗长女邺国公主下嫁乌古论谊，赐宴庆和殿"。[3]文中的"显宗"就是金世宗的皇太子。

特别值得注意的是，金朝帝王在庆和殿里举行的许多活动，皆与皇子皇孙们有着密切的联系。首先是，金世宗时，在这里为皇太子生辰举办庆祝宴会。"皇太子生日，宴于庆和殿。"[4]其次是，金世宗为曾皇孙完颜洪裕生后满三个月，在这里举办庆祝宴会。史称：在宴会之上，金世宗"赐曾孙金鼎，金香合，重彩二十端，骨睹犀、吐鹘玉山子、兔儿垂头一副，名马二匹"[5]。此后，金章宗又为皇子完颜忒邻"生满百日"，在这里举办庆祝宴会。此外，金章宗又在这里举行仪式，"御庆和殿，浴皇子。诏百官用元旦礼仪进酒称贺，五品以上进礼物"[6]。由此可见，这个庆祝仪式是比较隆重的。

除了大安殿、仁政殿、庆和殿之外，较为重要的还有贞元殿、睿思殿及紫宸殿等。贞元殿是金朝帝王接受朝贺的地方，在大定年间，金世宗在这里举行宴会招待南宋、西夏使臣。只是殿名"贞元"曾经是海陵王的年号，所以不知何时，这座宫殿的殿名就被取消了。睿思殿曾经是金世宗观看表演的地方，也曾经在这里接见过政府官员。紫宸殿在金章宗时曾经举行朝贺典礼，并赐诸王、百官宴会等。

金海陵王下大力气扩建的金中都宫殿，他自己并没有享受很长时间，就为了继续向南扩张、一统天下而去进一步经营金南京的宫殿，

[1]《金史》卷二十九《礼志》。
[2]《金史》卷八《世宗纪》。
[3]《金史》卷六十九《完颜爽传》。
[4]《金史》卷八十八《移剌道传》。
[5]《金史》卷九十三《章宗诸子传》。
[6]《金史》卷六十四《后妃传》。

香山寺　位于北京市香山公安云蟾蜍峰北　金大定二十六年（1186年）建，金世宗赐名大承安寺，后改名香山寺。图为香山公园内香山寺遗址前永安牌楼　刘明月 摄影

他很快就发动了南征，而被部下发动叛乱，并将他杀死。在此后的金世宗及金章宗时期，中都城里的宫殿虽然有进一步的发展和完善，但是金海陵王的建造所奠定的宏大基础则是功不可没的。

三、园林建造

金海陵王在建造宫殿的同时，又大兴土木工程。在金中都城的宫殿群之外，建造有风光秀美的皇家园林，为中都城增添了亮丽的风景。据相关文献记载，在中都城内外，建造的皇家园林主要有四处，按照方位加以称呼，分为东园（又作东苑）、西园（又作西苑）、南园（又作南苑）、北园（又作北苑）。如金章宗曾在泰和七年（1207年）五月，"幸东园射柳"[1]。又如金章宗时，"南苑有唐旧碑，书'贞元十年御史大夫刘怦葬'"[2]。再如承安二年（1197年）三月，金章宗"幸西园阅军器"。此外，明昌五年（1194年）四月，金章宗"幸北苑"[3]。这些皇家园林除了按照方位称呼之外，也都有各自的名称。

在这些皇家园林中，南园和西园应该是在金海陵王时建造的。北苑是在金世宗时建造的，东园则不详其处及建造年代。在这四处皇家

[1]《金史》卷十二《章宗纪》。
[2]《金史》卷七十八《刘怦传》。
[3]《金史》卷十《章宗纪》。

园林中，离皇宫最近的当数西园，因为是在皇宫西侧，故称西园。史称："西园有瑶光台，又有琼华岛，又有瑶光楼。"[1]文中所云"瑶光台""瑶光楼"，应该都在琼华岛上。

西园又称同乐园，当时人称："西出玉华门曰同乐园，若瑶池、蓬瀛、柳庄、杏村，尽在于是。"[2]文中所云"玉华门"，是金中都宫城的西门，同乐园就建造在西门外。文中的"瑶池"又称太液池，是皇城西侧的一处天然湖泊，而文中所云"蓬瀛"应该就是琼华岛。而"柳庄""杏村"则应该是建造在太液池边的休闲建筑，以种植大量柳树和杏树而著称，这些村和庄，是供金朝帝王到此游玩之后的休憩之用。

这座皇家园林，是仿照北宋开封的皇家园林模式而建造的。宋人指出："又西曰同乐园，瑶池、蓬瀛、柳庄、杏村，皆在焉。其制度，一以汴京为准。"[3]文中的"汴京"就是指北宋东京（开封）。连这座园林的名称，以及园林中的相关景致，也与东京（开封）的宋朝皇家园林一模一样。当然，自秦汉以来的皇家园林，都是以古代神话传说中的"一池三山"作为命名依据的，甚至一直传承到此后的元明清时期。

南园距皇城的距离比西园要远一些，位于中都城外的南郊，又称广乐园。最早记载这座皇家园林的时间是在金海陵王正隆二年（1157年），这时金中都城刚刚建成不久。时人称："金主亮试进士于广乐园，命书画局直长郑子聃杂试举人中。……亮尝令赋诗，大见称赏，故有是命。"[4]这件事情，又见《金史·郑子聃传》。

在这处皇家园林中，有两座宫殿较为重要。

其一，为常武殿。史称：在贞元二年（1154年）九月，金海陵王在"常武殿击鞠，令百姓纵观"[5]。这次活动应该是在重阳节举行的。此后，在大定三年（1163年）的端午节，金世宗"以重五，幸广乐园射柳，命皇太子、亲王、百官皆射，胜者赐物有差。上复御常武殿，赐宴击球。自是岁以为常"[6]。这些"击鞠""射柳"的活动都是从辽代沿袭下来的。

常武殿不仅是帝王举行击球、射柳的主要场所，也是他们用独特的少数民族方式祭天的场所。为此，金朝帝王专门在这里建造有祭天

[1]《金史》卷二十四《地理志》。
[2]《大金国志》卷之三十三《燕京制度》。
[3]《建炎以来系年要录》卷一百六十一。
[4]《建炎以来系年要录》卷一百七十七。
[5]《金史》卷五《海陵纪》。
[6]《金史》卷六《世宗纪》。

香山以优美的环境、秀丽的风景成为金朝帝王游乐之地。图为香山琉璃塔　　白丽君　摄影

用的拜天台。贞元四年（1156年）正月，金海陵王受尊号，"于常武殿拜天台设褥位，昊天上帝居中，皇地祇居西少却，行一献礼"[1]。对于这种拜天仪式，史称："其制，刳木为盘，如舟状，赤为质，画云鹤文。为架高五六尺，置盘其上，荐食物其中，聚宗族拜之。"[2]在举行完拜天仪式之后，则会举行击球、射柳的活动。

其二，为熙春殿。金海陵王在金上京的时候，就曾在元宵节建造灯山，到了金中都城以后，这种活动也没有停止，只是把建造灯山的地点从皇宫里面挪移到了南郊的广乐园，具体地点应该就是在熙春殿前面。史称：大定二十三年（1183年）正月的元宵节，金世宗在这里建造了灯山，不幸失火，"广乐园灯山焚，延及熙春殿"[3]。因为熙春殿距灯山太近，于是被烧毁了。

北苑是在金世宗大定年间建造的，名称多次变更。史称："京城北离宫有太宁宫，大定十九年建，后更为寿宁，又更为寿安，明昌二年更为万宁宫。"[4]在这座皇家园林中，也有一片湖泊，湖里也有一座岛屿，到了元代也被称为太液池和琼华岛。这座园林就是今天的北海公园，在元代位于皇城的中心位置，而到了明清时期仍然是皇家园林，因为是在紫禁城的西侧，故而又被称为西苑，但是，这时的西苑和金代的西苑已经不是同一个地方了。

四、坛庙建造

在中国古代，都城建设中的一项重要举措，就是建造相关礼仪活动场所的坛庙设施。金海陵王在扩建金中都城时，对这一方面的内容也有足够的重视。因此，在他的主持下，首先建造的就是用于祭祀祖先的太庙和原庙。这两项礼制建筑早在汉代就出现了，并一直延续到明清时期。这个设施，不仅具有鲜明的伦理观念，而且具有极为重要的政治含义。

金朝在立国之初，并没有建造太庙以用于祭祀祖先的观念。时人称："金虏本无宗庙，祭祀亦不修。自平辽之后，所用执政大臣多汉人，往往说以天子之孝在乎尊祖，尊祖之事在乎建宗庙。若七世之庙未修，四时之祭未举，有天下者何可不念？虏方开悟，遂筑室于内之东南隅，维庙貌、祀事虽具，制度极简略。"[5]

[1]《金史》卷三十一《礼志》。
[2]《金史》卷三十五《礼志》。
[3]《金史》卷二十三《五行志》。
[4]《金史》卷二十四《地理志》。
[5]《金虏图经·宗庙》。

　　金朝的第一座太庙建造在金上京，时间是皇统三年（1143年）五月，"初立太庙、社稷"[1]。地点则是在皇城里面的东南隅。这座太庙建造了五年，一直到海陵王天德二年（1150年）六月，仍然在进一步完善中："太庙初设四神门及四隅罘罳。"[2]这座太庙虽然建造完成，但是，规模并不大，即所谓的"制度极简略"，而且各种祭祀活动的仪式也同样极为简略。

　　金海陵王在金中都城里建造了金朝的第二座太庙，这座太庙的规模就变得宏大得多。时人称："迨海陵王徙燕，再起太庙，标名曰衍庆之宫，奉安太祖、太宗、德宗。又其东曰元庙，奉安玄祖、太圣皇帝杨割。追尊远祖，起自七代凫福，以下各加尊谥，立庙祭祀。"[3]文中"元庙"就是正史中多次提到的"原庙"。

　　当时的人因为不太了解金朝的太庙与原庙的关系，故而产生了一些误解。对于太庙的描述，当以正史为准。史称："金初无宗庙。天辅七年九月，太祖葬上京宫城之西南，建宁神殿于陵上，以时荐享。自是诸京皆立庙，惟在京师者则曰太庙。天会六年，以宋二帝见太祖庙者，是也。或因辽之故庙，安置御容，亦谓之庙。天眷三年，熙宗幸燕及受尊号，皆亲享恭谢，是也。皇统三年，初立太庙，八年，太庙成，则上京之庙也。贞元初，海陵迁燕，乃增广旧庙，奉迁祖宗神主于新都，三年十一月丁卯，奉安于太庙。正隆中，营建南京宫室，复立宗庙，南渡因之。"[4]据此可知，金朝初年，在金太祖死后，天会年间，于金上京建造了一座太祖庙。这座太祖庙虽然被称为太庙，却不具备真正太庙的各项功能。皇统年间，金熙宗在上京建造了第一座太庙，这座太庙才是真正意义上的太庙。及金海陵王在中都城里建造了金朝的第二座太庙，并在贞元年间把金上京太庙里供奉的祖先帝王神主全都迁移到金中都的太庙。此后，金海陵王在金南京又修建了金

辽代　三彩海棠盘（一）　北京辽金城垣博物馆藏
苟潇　摄影

[1]《金史》卷四《熙宗纪》。
[2]《金史》卷五《海陵纪》。
[3]《大金国志》卷三十三《陵庙制度》。
[4]《金史》卷三十《礼志》。

朝的第三座太庙，还没使用，他就被弑于南伐的征战途中。而海陵王建造在金中都的太庙并没有被称为"衍庆之宫"。

史称："太宗天会二年，立大圣皇帝庙于西京。熙宗天眷二年九月，又以上京庆元宫为太祖皇帝原庙。皇统七年，有司奏：'庆元宫门旧曰景晖，殿曰辰居，似非庙中之名，今宜改殿名曰世德'。……海陵天德四年，有司言：'燕京兴建太庙，复立原庙。三代以前无原

三彩四系瓶，金代，赤峰地区出土，内蒙古赤峰博物馆文物　视觉中国 供图

庙制，至汉惠帝始置庙于长安渭北，荐以时果，其后又置于丰、沛，不闻享荐之礼。今两都告享宜止于燕京所建原庙行事。'于是，名其宫曰衍庆，殿曰圣武，门曰崇圣。"[1]由此可见，建于金中都的原庙才被称为"衍庆宫"。

金海陵王在中都城建造了太庙及原庙，却没有建造与之并称的社稷坛，即《周礼·考工记》中所说的"左祖右社"。史称："贞元元年闰十二月，有司奏建社稷坛于上京。大定七年七月，又奏建坛于中都。"[2]很奇怪的是，虽然海陵王没有在金中都建造社稷坛，却在金上京建造了社稷坛，并下令："定社稷制度。"[3]此后，金世宗在中都城建造的社稷坛，应该是按照金海陵王设定的制度为模式的。

金海陵王虽然没有在中都城建造社稷坛，却在都城的四郊各建造有一座祭坛。史称，南郊坛建造在丰宜门外，圆形坛三层，也就是我们今天俗称的天坛。北郊坛建造在通玄门外，方形三层，也就是我们今天俗称的地坛。东郊建造的朝日坛在施仁门外，又称大明坛，其形制略同于地坛，也就是今天俗称的日坛。西郊建造的夕月坛在彰义门外，又称夜明坛，形制应该与日坛大致相同。

金海陵王在建造这四座祭坛的时候，也把祭祀的制度确定下来。冬至在天坛举行祭祀活动，夏至在地坛举行活动，春分在日坛、秋分在月坛分别举行活动。这四个祭坛的规制，以及祭祀制度应该皆是从

[1]《金史》卷三十三《礼志》。
[2]《金史》卷三十四《礼志》。
[3]《金史》卷五《海陵纪》。

前代延续下来的。到了此后的金世宗和金章宗时期，又陆续在金中都四郊建造了一些坛庙，使整个皇家祭祀体系变得更加完善。

五、坊里分布

金海陵王扩建的中都城，除了皇宫、园囿之外，又有一些坛庙、衙署、寺观、湖泊分布在城里，但是作为都城主体框架的，则是诸多民众居住的坊里。但是，扩建后的金中都城到底有多少个坊里，这些坊里究竟如何分布，虽然已经有众多专家学者加以考订，但是迄今仍有许多没有搞清楚的地方。因为存世的金朝历史文献很少，有些信息是从出使北方的宋朝使臣记录中得到的，故而比较零散，缺乏完整性。

在金海陵王扩建中都城之前，宋朝使臣路振曾经对辽燕京城有一段描述："幽州幅员二十五里，东南曰水窗门，南曰开阳门，西曰青音门，北曰北安门。内城幅员五里，东曰宣和门，南曰丹凤门，西曰显西门，北曰衙北门。内城三门，不开，止从宣和门出入。城中凡二十六坊，坊有门楼，大署其额，有蓟宾、肃慎、卢龙等坊，并唐时旧坊名也。"[1] 文中所云"幽州"就是指辽燕京城。城中的二十六个坊，就是燕京城坊里的总数。

在金中都城消亡的八十多年之后，在官修的《元一统志》中又出现了一组数据，即中都旧城共有六十二个坊，大都新城共有四十九个坊。许多研究金中都坊里的学者皆认为，此处所指的中都旧城的六十二个坊就是金中都城里的全部坊数。其实这是个误解，从金中都被蒙古军队攻占到《元一统志》最终纂修完成，其间历经八十多年，这时的中都城已经发生了翻天覆地的变化，因此，这时记载的六十二个坊只是元大都旧城的坊里总数，而已经不是金中都城里的坊数了。

遍查《金史》，与金中都坊里相关的信息只有一条，即富义坊。"（纥石烈执中）分其军为三军，由章义门入，自将一军由通玄门入。执中恐城中出兵来拒，乃遣一骑先驰抵东华门大呼曰：'大军至北关，已接战矣。'既而再遣一骑亦如之。使徒单金寿召知大兴府徒单南平，南平不知，行至广阳门西富义坊，马上与执中相见，执中手枪刺之堕马下，金寿研杀之。"[2] 文中的"章义门"

[1] 宋·路振《乘轺录》。
[2]《金史》卷一百三十二《纥石烈执中传》。

当作"彰义门"。

在《元一统志》记载的旧城六十二个坊中，如果把同名的坊（如东开阳坊、西开阳坊，南开远坊、北开远坊等）加以合并，则当有五十二个坊。而在这五十二个坊中，坊名仅见于《元一统志》的，则有二十八个，也就是说，在辽金元时期，只有二十四个坊是有其他信息证明它们是存在的，其他二十八个坊仅仅是个坊名而已。而在宋朝路振见到的三个坊，即蓟宾坊、肃慎坊、卢龙坊中，到了《元一统志》的记载中，也只有两个坊，即蓟宾坊（写作"蓟宾坊"）和卢龙坊，而卢龙坊又被分为南卢龙坊和北卢龙坊。

通过上述比较可以看出，从唐代的幽州城到辽燕京城这段时期，城市的变化是不大的，坊里的格局及名称的变化也是不大的。而从金代前期到元代前期，这里的城市发展经历了两次非常大的变化。第一次变化是金海陵王扩建中都城时发生的，由于城市面积有了较大扩

金中都会城门的位置在现在的会城门公园附近　图为会城门公园　左普 摄影

展，使这里的坊里数量也有了很大增加，那些被分为东、西或者南、北的坊里，应该就是增加坊里数量的结果。

第二次变化是在金中都城被蒙古军队占领之后开始的，一直到元大都新城建成之后，其间大约经历了八十年的时间。由于金中都的宫殿、园囿被毁坏，这一大块空间陆续变成民居，因此，出现了一些新的坊名，而这些新的坊名在辽金时期的文献中是完全找不到的。及大都新城建成后，大批居民迁徙到新城里居住，中都旧城迅速荒废，许多坊里由于已经没人居住，故而也很快就荒废了。到了元代中期，人们已经不知道这些坊里的具体位置了。

到了此后的明代中期，北京城市发生了第三次大规模变化，明世宗扩建北京外城，把金中都原来的一部分城池压在了北京外城下面，使人们更难寻找到金中都城的相关遗迹。至于金中都城中坊里的具体位置，更是只能通过一些古老的建筑遗存来加以判断了。如法源寺的建筑、天宁寺的佛塔、白云观的建筑等。而当时许多著名的景点，如"金台夕照"中的黄金台（当时又称"隗台"）、"蓟门飞雨"中的蓟门，也都被后人张冠李戴，以讹传讹了。

清代中期，文臣们在纂修《日下旧闻考》一书时，曾经对金中都的坊里加以考订，称："今以《析津志》《元一统志》《五城坊巷胡同集》所载寺院基址现存者参互考之，则归义废寺在今彰义门大街北，当为时和坊；都土地庙在今土地庙斜街，当为奉先坊；天王寺即今天宁寺，在广宁门外，当为延庆坊。又：宣武门外菜市西尝发地得仙露寺舍利石匣，当为仙露坊。又：宣北坊之昊天寺当为棠阴坊，竹林寺当为显忠坊，紫金寺当为北开远坊。大约皆在宣武、广宁二门之间，其余则多不可考矣。"[1]

今天的北京城与清代中期的北京城相比，又发生了翻天覆地的变化，金中都城的踪迹已经无处可寻，只留下了一些古迹和地名，显示着这座曾经辉煌一时的古都的大致方位。而留下的这一堆坊名，也告诉了人们这里曾经是居住过近百万的民众，城市经济繁荣、城市文化发达冠绝江淮以北的辽阔平原地区。

[1]《钦定日下旧闻考》卷三十七《京城总记一》。

第四节 营建中都城的重要历史意义

营建金中都城，是金海陵王夺得皇权之后的一项英明决策。这项决策直接关系到此后金朝的历史发展进程。做出这个决定，对于金海陵王而言需要极大的勇气。作为一个长期生活在农耕地区的政治人物，在中原地区选择一个合适的统治中心是不太困难的，而对于一个长期生活在东北偏远地区的少数民族领袖来说，要想把都城迁移到一个比较陌生的地方，则是极为困难的事情。他不但要遭到其他女真贵族的反对，而且还要对这个迁都举措承担全部的责任和风险，而有些风险存在着很多的未知因素。

为了金朝的进一步发展，海陵王做出了这个冒险的决策，并很快就加以实行，在这种情况下，他果断排除了一些女真贵族们的反对，将燕京城加以扩建，使之成为江淮以北、整个中原及北方地区的统治中心。这次大规模的调整，使中国古代的政治格局发生了巨大变化。原来辽、宋对抗时期，是以北宋东京（开封）为中心的农耕王朝与以辽上京为中心的游牧王朝之间的对抗。但是，在海陵王迁都之后，就出现了占据中原和北方地区的金朝与占有江南地区的南宋之间的对抗。而且金朝在对抗中占有明显的优势。

金海陵王在把统治中心迁到中原地区来的

金中都城水关遗址 水关是古代城墙下供河水进出的水道建筑

同时，又把一大批长年生活在白山黑水之间的女真民众也迁移到中原地区来定居，其中的很大一部分女真民众实际上就是来到金中都地区定居的。这种大规模迁徙少数民族民众到中原地区来定居的事情，在金海陵王迁都之前还是很少出现的，他的这个举措极大促进了北方各少数民族的民众与中原地区汉族民众之间的相互融合。

随着女真民众大量进入中原地区，他们与汉族民众一起生活在一个共同的空间，日常生活中的衣食住行、婚丧嫁娶，文化习俗中的相互学习、相互承认，极大加快了民族融合的进程。如果大量女真民众没有进入中原地区定居，这种大规模民族融合的现象是很难出现的。甚至在几十年、几百年之后也很难出现。因此，金海陵王的迁都举措，加速了北方各民族之间的相互融合。

金海陵王的迁都举措，又极大促进了北京地区的历史发展进程。早在先秦时期，北京城就一直是华北地区最重要的军事枢纽，成为各方势力争夺的一处重镇，谁占有这里，就会掌控周围地区的主动权。这种局面，一直延续到唐五代时期。到了辽、宋对抗时期，这里成为了辽朝的陪都辽南京（又称辽燕京），正是因为辽朝占有这里，遂在与宋朝的对抗中占据了极大的主动权。到了金代，这里从陪都上升为首都，政治地位有了极大提高。

就城市发展而言，金海陵王对中都城的扩建，也成为北京城市发展的一个新的里程碑。首先，在从汉唐幽州城向辽南京发展的进程中，政治地位虽然有所提升，但是城市建设却没有太大变化，辽燕京城基本上保持了唐幽州城的规模。但是，这里在金海陵王扩建之后，发生了巨大变化。就城市格局而言，出现了都城套皇城、皇城套宫城的都城的规范格局，这是以前从来没有过的。

其次，通过金海陵王的扩建，中都城的城市空间有了极大拓展。皇家宫殿、园林的建造占据了城市中最核心的部分，各级政府衙署的设置和建造、各种礼制设施的建造，也都占据了城市中最显要的位置。其他商业设施、手工业作坊等也有了更多的发展空间。此外，各种寺庙、道观等宗教活动场所的建造，也是城市文化发展的必要举措。

一、推动金朝的进一步发展

在中国古代，虽然朝代存在的时间长短不一，占有疆域的空间大小不同，但是，对于都城的设置皆是极为重视的。有的朝代，因为都城设置得较为合理，故而加强了对全国的掌控力度，起到了巩固统治的重要作用。还有一些朝代，却因为都城设置得不合理，而直接影响了国家的发展速度。这两种情况，在历史上皆是比较常见的。

金海陵王对都城的设置是有独到见解的。从金太祖建立金上京，到海陵王夺得皇权之前，这座金上京是得到大多数女真贵族的认可的，并且一直到金熙宗时还在进一步加以完善。对于金上京偏在东北一隅的弊病，金朝统治者是通过在燕京、西京和汴京设置行台来加以调节的。这种方法虽然没有从根本上解决问题，但在当时也是发挥了一定作用的。就连金熙宗自己，也没有通过迁都来解决问题的设想，只是在维持着现状。

但是，金海陵王却对金上京存在的弊病看得十分清楚，同时认识到必须迁都到中原地区，才是解决问题的根本所在。因此，他不惜调动巨大的人力物力来扩建金中都城，就是为了毕其功于一役，由此而最终完成金朝都城体系的改造工程。在以金中都作为统治核心的基础上，又在东西南北四面设置了四座陪都。这个举措，在中国古代都城发展的历史上堪称壮举。

在金海陵王扩建完成金中都城的拓展工程之后不久，他又有了进一步向南发展、攻灭南宋、统一全国的宏伟计划。为了实现这个宏伟计划，海陵王决定把都城从金中都迁到金汴京，因为在他看来，在平定江南之后，汴京作为全国的统治中心会更加适合。也正是因为如此，他才不顾众多大臣的反对，再次调动人力物力，将汴京城加以重修。

但是，金海陵王的壮举因为各方面的历史客观条件还都没有成熟，故而最终导致了统一天下行动的失败，金、宋之间仍然隔江对峙。在这种情况下，将都城从金中都迁徙到汴京的举措就变得毫无意义了，金中都城仍然是统治江淮以北地区的最佳选择。所以金世宗即位以后，仍然是以金中都作为全国的统治中心。这种状况一直维持到蒙古军队攻打金中都城时为止。

金海陵王连续建
造两座都城的举措，
在中国古代历史上是
比较罕见的，这与当
时他想要急于一统天
下的政治诉求是一致
的。但是他把这件很
难实现的事情想得太
简单了，而急于求成

金代女真人女性服装（复制品）　北京辽金城垣遗址博物馆藏
荀潇　摄影

的愿望又导致了他在指挥南伐的战争中犯了急躁冒进的大忌，最终导
致兵败被弑的结果。金海陵王南伐的失败及其被弑，应该是他人生中
的一大败笔，直接影响到了后人对他的评价。但是，无论如何评价，
海陵王迁都到燕京的举措都是不容否定的。

迁都燕京的举措有以下几个积极意义：

首先，是政治功能的进一步加强。在没有迁都之前，金上京与中
原及江淮地区的联络是极不方便的。当时最快的交通工具就是快马，
如果从江淮一线用快马传递重要军政信息，到燕京的时间要比到金上
京快得多。这种时间上的快捷必然在处理军政事务方面带来了更高的
效率。如果遇到极为紧张的重大事件，到燕京可以及时处理，但是到
金上京就可能耽误大事。

其次，是经济供应的进一步便利。作为统治中心的都城，通常需
要耗费的各种物资是普通城市的数十倍甚至上百倍。对于都城巨额物
资的供给是十分迫切的，这就使得无形之中加大了政府的财政支出。
如果从中原地区向金上京供给巨额物资，供给同样数量的物资，到金
中都就会减少大量的运输损耗。特别是金海陵王在迁都到燕京之后，
又重新利用了隋唐时期开凿的永济渠，在潞县设置通州，专门负责对
金中都城的漕运事务，更是极大减少了运输中的损耗数量。这种便利
条件，是金上京所不具备的。

最后，是文化发展的进一步繁荣。金上京自金太祖定都时开始，
到金海陵王迁都时为止，前后大约历时四十年，在这四十年中，文化
的发展没有任何前期的积累过程，完全是从零开始。而燕京早在几千

年前就是黄帝后裔们生活的地方，经过几千年的文化发展和积累，到了辽代，已经成为五京之中文化最为发达的地区。当金海陵王迁都到这里之后，使得金朝的都城文化有了飞跃发展，金中都很快就成为整个北方地区最繁荣的文化中心。

综上所述，金海陵王决策迁都，以及落实决策、拓展金中都城的城市空间、建立完整的都城体系等一系列举措，极大地促进了金朝的发展。他的一而再地向南迁徙都城，表明了他在金朝历史发展进程中的进取精神，以及要攻灭南宋、一统天下的政治抱负。由于他南伐失败和被弑，这个历史发展进程中断了，又回到了金、宋之前沿江淮一线和平相处的状态。这个结果，是符合当时历史发展进程的大趋势的，也体现了金、宋双方百姓反对战争、爱好和平的良好愿望。

二、加速各民族的进一步融合

在中国古代，由于地域极为辽阔，生活着众多不同民族、不同部落的广大民众，而这些民众在不同区域之间的相互交流从未中断过，由此而形成了古代各民族融合的主流发展模式。这种发展模式早在先秦时期就已经形成了，而到了辽宋金元时期，这种融合达到了第三次高潮（第一次是在先秦时期，第二次是在魏晋南北朝时期）。金海陵王生活的时期，就处在这种民族融合达到新高潮的历史进程中，而他为这一时期的民族融合做出了进一步的努力。

作为金海陵王生活的女真部落位于偏在东北一隅的白山黑水之间，距离中原地区十分遥远，故而在很长一段时间没有和中原民众相互交流的机会，文明进化程度一直比较低。从很早的时候开始，中原地区的学者就开始注意到了他们生活的信息。先秦至秦汉时期，他们的部落被称为"肃慎"，到了三国时期被称为"挹娄"，北魏时期被称为"勿吉"，到了唐代被称为"黑水靺鞨"，辽代始称"女真"，又被分为"生女真"和"熟女真"。而金太祖阿骨打所在的部落就属于生女真。

时人曾描述生女真部落民众的生活状态，称："其人勇悍好诈……善骑射、喜耕种、好渔猎，每见野兽之踪，蹑而求之，能得其潜藏之所。又以桦皮为角吹，作呦呦之声，呼麋鹿而射之。其居多依

[1] 佚名《金志》,载《大金国志·附录三》。

山谷,联木为栅,或覆以板与梓皮如墙壁,亦以木为之。冬极寒,屋才高数尺,独开东南一扉,扉既掩,复以草绸缪塞之。穿土为床,煴火其下,而寝食起居其上。"[1]由此可知,一直到辽朝中后期,生女真部落的民众还生活在比较原始的游猎生产阶段。

出现这种情况,与他们长期生活在较为封闭的环境中有着密切关系。这时他们与外界的联系,主要通过辽朝官吏前来征收各种土特产时带来的一些零散信息。及阿骨打起兵抗辽,才打破了这种长期封闭的环境。在辽朝降臣和宋朝使臣的引导,以及在金朝疆域的不断拓宽之下,生女真部落的社会结构开始发生巨大变化,迅速从原始部落向封建制社会转变,在这个转变过程中同时伴随着民族融合的历史进程。

作为金太祖阿骨打的第三代子孙,海陵王完颜亮与金熙宗完颜亶等人开始初步接触到了农耕文化的核心内容,即儒家学说。这个接触过程,尽管只是在一小部分女真贵族的范围内展开的,却仍然是民族融合的一部分关键所在。而大多数女真民众仍然只能接触到很少的农耕文化信息,民族融合的程度是很有限的,农耕文化的影响也是微乎

交子版,金海陵王贞元二年(1154年)发行,广西钱币博物馆 FOTOE 供图

其微的。作为生活在白山黑水之间的众多女真民众,仍然保留了浓厚的女真传统生活习俗。

金海陵王的迁都是一个重大的转折。他在迁都的过程中,把大量女真民众从白山黑水之间强行迁居到中原地区来,特别是许多女真贵族被迁居到金中都地区来,这一举措加大了民族融合的力度。其一,是使这些女真民众脱离了极为封闭的生活环境,进入文化交流十分发达的中原地区。其二,是改变了这些女真民众的生活习惯,当他们生活在大多数汉族民众之中时,许多原有的女真生活习惯就不得不加以改变,以适应中原地区的生活模式。而这种生活习惯的改变就是民族融合的一项重要标志。

更为重要的是,在中原地区的生活环境中,出现了女真民众与汉族民众之间的人种融合,即普遍的通婚现象。当年生活在白山黑水之间,女真民众很少接

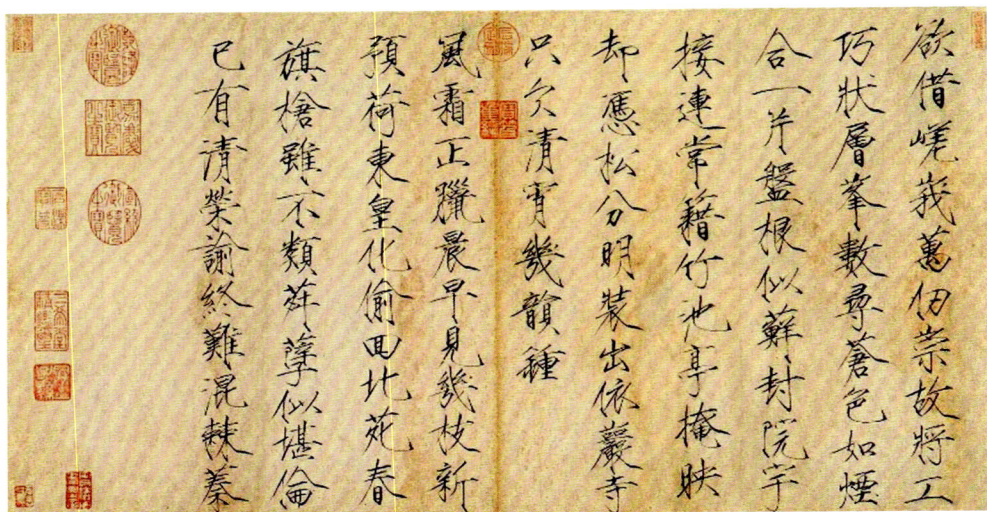

《欲借风霜二诗帖》，北宋宋徽宗赵佶书法，台北故宫博物院藏　　FOTOE 供图

触到汉族民众，他们通常的婚姻关系只能是部落之间完成，特别是女真贵族之间的婚配关系，必须是以不同部落的女真贵族为前提的。而在迁居到中原地区以后，开始长期与汉族民众生活在一起，不仅普通女真民众陆续与汉族民众通婚，就连女真帝王的嫔妃中也出现了一些汉族女子，有些甚至极受宠爱，位居贵妃。

这种女真民众与汉族民众通婚的现象，在东北的白山黑水之间是很难见到的，但是在中原地区就变成了较为普遍的事情。而其结果，已经不仅仅是文化上的民族之间相互融合，而且变成了血缘之间的同化，是一种更加彻底的民族融合方式。你中有我，我中有你，同为一家人，不可能再加以区分，成为最彻底的、最深入的民族融合。

这种相互通婚的融合模式，早在契丹族民众进入中原地区时就已经开始了，一直延续到金代，女真民众也进入了这种融合模式。因此，当蒙古军队进入中原地区之后，他们把契丹族和女真的民众统统视为"汉人"。而女真民众大规模进入中原地区，是从金海陵王迁都燕京之后开始的，正是他的这一举措，促进了金朝民族融合的极大发展。

金海陵王迁都燕京的政治举措是从他治理国家的大政方针的角度出发的，却带来了女真民众整体文化素质的普遍提高，特别是在接受了中原地区的农耕文化之后，他们的文化素质与那些仍然居住在白山黑水之间的女真民众相比，有了极大的差距。这种现象的出现，不是女真民众本身出现了变异，而是他们生活的社会环境发生了巨大变化。中原地区的社会环境让他们能够接触到更多的农耕文化，并在潜移默化的过程中受到巨大的熏陶，才会产生这种变异。金海陵王自幼所受到的儒家学说的熏陶，应该是他迁都燕京举措的潜在动力。

三、提高了燕京的政治地位

早在三千多年前的西周时期，位于华北平原北端的蓟城就已经成为农耕民众与游牧民众之间相互争夺的军事重镇。到了战国时期，这里变成了"七雄"之一的燕国的都城，号称燕都。经过历代燕王的经营，燕都逐渐具备了区域统治中心的各项功能，也就是具备了成为全国统治中心的雏形。这种情况一直延续到汉代的封国时期，在燕都城里，陆续存在过一些宫殿、园囿。

自秦汉以来，由于幽州的战略地位极为重要，故而一直驻扎有大量军队，作为中原王朝对抗草原游牧部落侵扰的防御重心之一，同时也是中原王朝控制东北政局的前沿阵地。到了隋唐时期，随着北方少数民族游牧部落的势力不断发展，对中原地区构成威胁，遂使这里的战略地位变得越来越重要。隋炀帝开凿永济渠以运送大量军队和物资到这里来，唐朝中央政府首先在这里设置集军政大权于一身的幽州节度使，都是这一重要性的直接表现。

唐朝灭亡后，五代迭起，后唐大将石敬瑭为了争夺皇权，利用契丹的军事力量，把长城沿线的"燕云十六州"割让给了辽太宗。辽太宗在得到幽州之后，立刻将其升为陪都辽南京（亦称燕京），政治地位有所提升。但是因为辽朝统治者长期生活在大草原上，故而虽然在这里建造有皇城及宫殿，却很少使用，也没有发展成为首都。

辽朝灭亡后，金朝的首都设在上京，燕京只是作为华北地区的统治中心，一度设置有行台，却一直也没有成为陪都，政治地位显然不如辽朝。及金海陵王扩建中都城之后，这里立刻成为金朝的首都，政治地位有了极大提高。而且这时的金朝已经不再是偏居于东北一隅的小朝廷，而是与南宋划江而治的泱泱大国，雄踞半壁江山。这时的金中都城，成为北半部中国的统治中心。

作为雄才大略（或曰野心勃勃）的金海陵王，在打造金中都城时，是按照他理想中的最高标准，也就是要超过北宋都城东京（开封）来设计的。开封的北宋东京是当时中华大地上最完美的都城，代表了古代中国都城建设的最高水准。就当时海陵王君臣的文化修养而言，是达不到这个文化水准的，要想超越它，只有在学习的基础上加以扩大。因此，扩建后的金中都城就是一个规模更加宏大的北宋东京的仿制品，甚至就连宫殿、园圃的名称也是一样的。

在当时的历史条件下，金海陵王对北宋都城的模仿和学习就是一个进步。通过模仿和学习，海陵王得到了许多他的父兄根本无法想象的东西，创造出了一个他的父兄都不曾创造的奇迹。把一座耸立在华北平原上的军事要塞改造成了规模宏大的都城，绝不逊色于中华大地上的任何一座城市。与偏安于临安城、苟且偷生的南宋王朝相比，金中都城充满了勃勃生机，真正代表了北方少数民族政权在当时的进取精神。

在金海陵王扩建的金中都城里，几乎所有国家都城应该具备的各项主要设施皆已建造完成，只是在此后的金世宗、金章宗时进一步加以完善。

首先，是宫殿建筑，这是作为一个国家都城的核心标志。在金中都城里建造的皇城和宫城，皆是模仿的北宋东京，而且规模之大是超过北宋东京的。这些宫殿，不仅仅是皇家建筑，而且是国家"正统"地位的政治象征，因此，其规模一定要超过北宋东京的建筑，其奢华程度也要超过北宋东京。在金海陵王看来，这不仅仅是个奢华程度的问题，而是金朝要超过宋朝的文化标志。

其次，是皇家的坛庙建筑。在这方面，也是都城建筑中的核心内容。秦汉以来，在中国古代的大多数王朝中，都有一整套日益完备的礼制设施，即皇家的坛庙建筑。其最主要的标志，就是太庙、社稷坛，以及天地、日月诸坛的设置和帝王岁时举行的祭祀仪式。这一系列的祭祀仪式是要由帝王亲自主持的。如果帝王不能亲自主持，也要派遣贵族及大臣代表自己主持仪式。因此，各项礼制设施的建造就变成不可或缺的程序。

在金海陵王扩建中都城之前，这里是没有代表国家的礼制设施的，及扩建都城之后，海陵王陆续在这里建造有太庙及天坛、地坛、日坛、月坛，主要礼制设施基本建造完成。此后在金世宗和金章宗时，又陆续建造了社稷坛及风雨雷师等诸坛壝。对于这些礼制设施的建造，不仅金海陵王极为重视，就是此后的金世宗和金章宗也很重视，因为这是代表皇帝行使权力的一种政治象征，是其他文化设施都不能取代的。

金中都城的扩建及都城各项重要设施的建设，使这座都城成为整个金朝的统治中心，也就是从一座少数民族政权的陪都变为首都。这些政治和文化设施的建造，使这里成为金朝统治者长期生活的地方，由此而设置有从中央到地方的一整套官僚体制及其衙署，会集了众多的文武百官，也就使得这里逐渐成为金朝的政治和文化中心。与此同时，城市经济也有了极大的发展和繁荣，从而成为能够与南宋临安城南北相互抗衡的北方大都会。

第五章　营造山陵

金海陵王在扩建金中都城的时候，还做了一件大事，就是建造了一座规模宏大的皇家陵墓，史称金陵。在中国古代，帝王们大兴土木的建造工程只有两项：一项是建造宫殿、园囿，供他们在世时候的生活之用；另一项是建造陵墓，供他们死亡以后的安葬之用。这两项重要的土木工程耗费极大，却是诸多帝王都十分重视的工作。特别是陵墓，不像宫殿，可以传承使用，而是每个帝王都要单独使用的设施。这两项工程通常是分别在都城内外建造的。

金海陵王也不例外，他在金中都城内建造了奢华的宫殿和园囿，又在金中都城郊建造了规模宏大的陵墓。他所建造的这座陵墓，不是只为安葬他自己的单独陵墓，而是一组陵墓，用以安葬金朝的历代祖先。在这组陵墓中，他没有给被弑的金熙宗留下位置，这是理所当然的事情。但是他没有想到的是，他自己最后也是兵败被弑，金世宗也没有给他在这座皇陵中留下位置。

第一节　金上京皇家陵寝的建造

在中国古代，人们很早就有了丧葬的观念，并且有了建造坟墓的规制，这一点，可以从历史文献和考古发掘两个方面得到印证。丧葬观念是一种文化，表现出人们对死后世界的关注，以及对死后生活的安排。而坟墓的建造模式，与人们生前的居住形式是大致相同的。在古人看来，人们的生死是有区别的，而生活模式却没有区别，只是在另外一个世界。

因此，随着人们的生活变得越来越好，人们的居住环境也就变得越来越好，墓葬也就变得越来越讲究。作为古代的帝王，他们的生活是最好的，居住的宫殿是最好的，死后的墓葬也是最好的。而丧葬观念的变化有一个历史的过程，也就直接影响到了陵墓的建造形制。金朝统治者最初的丧葬观念比较原始，陵墓的建造也就比较简单。随着

[1]《金史》卷二《太祖纪》。
[2]《金史》卷三十《礼志》。

他们对丧葬文化的认识越来越深入，丧葬观念也就不断发生变化，陵墓的建造也就变得越来越奢华。金朝皇陵的建造及变化过程，充分印证了这一点。

一、皇家陵墓的建造

在金太祖完颜阿骨打建立金朝之前，他的祖先通过担当部落首领的形式控制了越来越多的女真民众。又通过各种举措获得了辽朝的认可，把部落中的反对势力加以剿灭，从而为金太祖起兵反辽奠定了坚实的基础。这时的女真部落首领们，还没有对丧葬观念引起足够的重视，也就没有对建造陵墓的工程加以重视。部落首领死后，没有采取与众不同的丧葬仪式。

及金太祖逝世，建造了金朝帝王的第一座陵墓。史称：天辅七年（1123年）九月，金太祖的遗体被运回金上京，两天以后，"葬宫城西南，建宁神殿"[1]。史又称："金初无宗庙。天辅七年九月，太祖葬上京宫城之西南，建宁神殿于陵上，以时荐享。"[2]这座陵墓的规制如何，已不得而知。但是，它的位置是在金上京宫城的西南，应该

金太祖武元皇帝陵园　张晨声 摄影

距宫城不是很远，故而这种丧葬制度，与中国古代的相关丧葬模式有所不同。

　　金太祖的死是一个很突然的事情。这一年，金太祖正在率军追击辽天祚帝。六月，金太祖感觉身体不适，然后往回走。八月初，驻守金上京的金太宗亲自来迎，到八月底，金太祖死于途中的行宫，金太宗遂护送他的遗体回到上京。在此之前，未见金太祖有为自己建造陵墓的记载，遗体运回上京是他死后的第五天，死后的第七天就被葬在

玉渊潭　金代，玉渊潭公园是金中都城西北郊的风景游览胜地　振阳 摄影

[1]《金史》卷三《太宗纪》。
[2]《金史》卷二《太祖纪》。
[3]《建炎以来系年要录》卷一百六十七。

墓中。这次的丧葬活动是非常仓促的，因此，陵墓的安葬也就比较草率。在金太祖被安葬之后，金太宗也一直没有对金太祖墓加以修缮及变动，仍然是在金上京宫城的西南。

到了金熙宗即位之后，立即对金太祖的陵墓加以迁移。史称：天会十三年（1135年）正月，"上崩于明德宫"。文中的"上"即指金太宗。又称："三月庚辰，上尊谥曰文烈皇帝，庙号太宗。乙酉，葬和陵。"[1]也就是说，在金太宗死后两个月，才被金熙宗安葬。在这短短的两个月之中，金熙宗又做了什么事情呢？

史称："天会十三年二月辛酉，改葬和陵。"[2]这就是说，在金太宗死后的两个月内，金熙宗把金太祖的陵墓加以迁移，从宫城西南迁移出去，迁到了按出虎水畔的胡凯山南。然后，再把金太宗也安葬在此。这是金朝帝王在金上京建造的第二座皇陵。这座陵墓基本上是符合中国古代相关丧葬文化模式的：第一，这座陵墓已经远离了宫城，迁移到了城郊之地；第二，基本符合了面水（即按出虎水）背山（即胡凯山）的大致环境。

金熙宗在建造这座皇陵时，也是十分仓促的。在金太宗活着的时候，他没有权力迁移皇陵，只是在金太宗死后才有了迁移皇陵的机会。而在金太宗死后，他又必须在很短的时间里完成金太祖陵墓的迁移，然后再把金太宗和金太祖安葬在一起。这整个过程只用了两个月的时间，这个时间与金太祖死后到安葬所用的时间大致相当。与中原王朝的帝王建造陵墓经年累月的情况相比，可见金朝最初的这两座皇陵建造得很简陋。

时人亦称："金人旧无陵墓，自太宗晟以上，但葬于护国林，极草创。"[3]这里所指的"护国林"，就是金熙宗所建造的金上京第二座皇陵的地方。这处皇陵建造的过程也是十分仓促的，故而被称为"极草创"。而最初埋葬在这里的，只有金太祖和金太宗两位金朝帝王。在金朝这两位帝王征战及死去的时候，正是与辽朝及北宋争斗得极为激烈的时候，金朝也没有能力调动大量人力物力去建造皇陵。

二、皇家陵寝制度的完善

由北方少数民族领袖建立的政权，最初的礼制建设是很简陋的，

而随着他们与中原农耕文化的交往越来越频繁，相关的礼制建设也逐渐完备起来，而陵墓建设就是其中一项重要内容。金朝皇家陵寝制度的完善就是最好的例证。在金朝初期，金太祖陵墓的建造极为简单，尚未形成完整的陵寝制度。及金太宗死后，金熙宗初步确定了金朝的陵寝制度，改变了陵寝的位置，将其安置在金源初兴之地的按出虎水畔，但其规制却依然较为简陋。

金熙宗把金太祖和金太宗安葬在一起，开始形成皇家陵墓群，并把这处皇陵给予正式命名，太祖的陵墓称为和陵，太宗的陵墓称为恭陵。半年以后，他又把父亲完颜宗峻追尊为景宣皇帝，庙号徽宗，然后安葬在这里，"熙宗即位，追上尊谥曰景宣皇帝，庙号徽宗。改葬兴陵"[1]。天会二年（1124年）完颜宗峻死的时候只是一位宗王，是不能和金太祖埋葬在一起的。及金熙宗即位后，才将已经埋葬的完颜宗峻迁移到新设置的皇陵，加以安葬，并命名其陵墓为"兴陵"。这是安葬在金上京皇陵中的第三位金朝帝王。当然，完颜宗峻生前并没有当过皇帝，只是死后追封的。

金熙宗在这座新设置的皇家陵墓中还采用了皇后及嫔妃陪葬的模式。如在将金太祖的后妃加以陪葬时也追谥，"追谥太祖后唐括氏曰圣穆皇后，裴满氏曰光懿皇后。追册太祖妃仆散氏曰德妃，乌古论氏曰贤妃"[2]。这是金熙宗对金朝皇家陵寝制度进一步规范化的必然进

金皇陵御道图

[1]《金史》卷十九《世纪补》。
[2]《金史》卷四《熙宗纪》。

程。及皇统三年（1143年）三月，太宗皇后唐括氏死后，金熙宗又在同年八月追谥她为钦仁皇后，并陪葬在金太宗的"恭陵"中。

金熙宗还做了一件重要的事情，就是把金太祖之前的祖先也加上尊号，然后再加上陵号。史称：天会十四年（1136年）八月，金熙宗下令："追尊九代祖以下曰皇帝、皇后，定始祖、景祖、世祖、太祖、太宗庙皆不祧。"[1]如始祖被尊称为景元皇帝、景祖被尊称为惠桓皇帝、世祖被尊称为圣肃皇帝等。同时，他又把陵寝的安葬制度与太庙的祭祀制度联系在一起。

到了皇统四年（1144年），金熙宗进一步把金朝的陵寝制度加以规范，将金始祖以下的诸位帝王的墓葬予以正式命名。如始祖陵墓被命名为光陵、景祖陵墓被命名为定陵、世祖陵墓被命名为永陵。金太祖陵墓原来被称为和陵，这时改称为睿陵。金太宗陵墓原来被称为和陵，这时改称为恭陵。经过这番调整，金上京的皇家陵寝制度初具规模。

然而这些重要祖先人物（被称为"九代祖以下曰皇帝"）的陵墓，存在两个问题：

第一个问题是，历年已经很久远了，是否还能够找到原来的坟墓。因为最初的祖先是默默无闻之辈，这样的人在死后也肯定只是挖个坑就埋了，不会有任何特殊的标志。据估算始祖生活的时代略相当于辽朝初期，到金熙宗时，肯定是找不到坟墓了。至于说有可能找到坟墓的，也应该只是世祖以下被封为"帝王"的诸位祖先了。

第二个问题是，就算能够找到的坟墓，是否真的就被金熙宗把尸骨挖出来，再安葬到胡凯山南的护国林东的皇家陵墓群中，这个问题，因为历史文献中没有相关记载，也就不得而知了。结果只有两种情况：一种情况是，金熙宗大概找到十具祖先遗骨，然后认定为是"诸帝王"遗骨，再加以安葬到皇陵之中；另一种情况，也是古人经常使用的办法，找到一些"诸帝王"曾经使用过的遗物，或者是传给后人的遗物，然后把这些遗物安葬到陵墓之中，称"衣冠冢"。这第二种的情况可能性会更大一些。

不论是哪种情况，金熙宗在金上京的这第二座皇陵中，除了安葬有金太祖、金太宗和金徽宗的三座陵墓之外，还安葬有自始祖以下

[1]《金史》卷四《熙宗纪》。

"九帝"的陵墓。经过金熙宗的这些创立及不断完善的工作之后，金
上京的皇家陵墓已经初成系统，颇具规模了。而金朝的陵寝制度也得
到初步建立。

此后，虽然金海陵王弑熙宗而夺得皇权，并将熙宗排斥在皇陵之
外，但是，金熙宗确立金朝陵寝体制这项重要功绩，还是得到人们认
同的。史称："熙宗追帝祖宗，定著始祖、景祖、世祖庙，世世不
祧。"[1]金熙宗的这项工作，也给金海陵王在金中都城郊建造新的皇
家陵寝，奠定了坚实的基础。

第二节 金中都皇家陵寝的建造

金海陵王在扩建金中都城的同时，也在筹划在金中都城郊建造皇
家陵寝。这次的建造与金上京时已经完全不同了。首先，是要对皇家
陵墓的位置加以精心选择。在宋代，陵墓风水学说开始盛行，上至皇
家，下至百姓，都在为找到一处墓葬的风水宝地而尽力。金海陵王在
这种情况下，也在金中都城郊到处寻找着"风水宝地"，最终，将皇
家陵寝的位置确定在了都城西面的大房山。

这次皇家陵墓群的建造与以往不同之处还在于：其一，这时的金
朝政府已经有了一个较为安定的环境，可以全心全意地建造皇陵。其

金陵遗存殿基（之一） 首梦 摄影

二，这时的金朝政府又可以调动巨大人力物力来从事建造工程，就算新建皇陵耗费巨大，也是完全可以承担的。其三，这次新建的皇陵布局更加规整，体制更加完备。因此，在金中都建造的皇陵，不论是规模、体量，还是质量，与金上京的皇陵相比，已经远超之。

这座皇陵，是北京地区建造的第一座皇陵，也是与金中都城内的宫殿、园囿相配套的皇家礼制设施。金朝皇陵的建造，与太庙、原庙一起，构成了金朝皇家完整的祭祀体系，表明金朝的丧葬文化已经发展到了一个更高的阶段。金海陵王花大力气建造了这座规模宏大的皇陵，但是在他死后，却没有被安葬在这座皇家陵墓群中，不能不说是一个历史的遗憾。

一、皇家陵寝的选位

在金中都城周围，由大自然造就的地势很有特点。西面和北面群山环抱，地势比较高，而南面和东面则是一马平川，河流、湿地遍布，地势较为低洼。因此，当时人们在选择坟墓位置时，往往会选择在金中都城的西面和北面，而很少会选择在东面和南面。这种情况，对于金海陵王选择建造皇陵的位置，产生了较大影响。

金海陵王扩建中都城并迁都于此，始于贞元元年（1153年）正月，同年三月到达燕京，迁都工作正式宣告完成。而他在金中都城郊建造皇家陵寝的诏令是在贞元三年（1155年）三月："命以大房山云峰寺为山陵，建行宫其麓。"[1]这期间相隔了两年，在这段时间里，金海陵王在做什么呢？他是在按照当时十分流行的陵墓风水学说（又被称为堪舆学），为金中都城郊即将建造的皇家陵墓选择一处风水宝地。

时人称："迨亮徙燕，始有置陵寝意，遂令司天台卜地于燕山之四围。年余，方得良乡县西五十余里大洪山，曰大洪谷，曰龙喊峰，冈峦秀拔，林木森密。"[2]文中所云"卜地"，就是寻找风水宝地作为金朝皇陵的建造之地。而寻找的范围则是以燕山为中心的。寻找的时间则为"年余"。寻找的结果则是大洪谷的"龙喊峰"。这里的环境极佳，"冈峦秀拔，林木森密"，确实是一处建造皇陵的好地方。而负责寻找风水宝地的机构则是隶属秘书监的司天台。

[1]《金史》卷五《海陵纪》。
[2]《大金国志》附录二《金虏图经》。

史称：金朝的司天台"掌天文历数、风云气色，密以奏闻"。其下设有天文科、算历科、三式科、测验科、漏刻科。[1]而司天台的官员，则是通过考试从民间百姓中选用。"其试之制，以《宣明历》试推步，及《婚书》《地理新书》试合婚、安葬，并《易》筮法，六壬课、三命五星之术。"[2]其中的考试范本就有《地理新书》，也就是与"安葬"相关的堪舆用书。

至于这处金朝皇陵的地点，历史文献的记载是不一致的。《金史·海陵纪》称是在"大房山云峰寺"。《大金国志》附录的《金虏图经》称是在"良乡县西五十余里大洪山，曰大洪谷，曰龙喊峰"。同是《大金国志》一书中的《陵庙制度》则称：金海陵王"筑陵于西南九十余里大洪山"。虽然在这三处文献中，两处皆称建造地点为"大洪山"，只有《金史》一处称是在"大房山"，亦当以《金史》为准。而"大洪山"不见于此前或此后的相关历史文献。

在相关历史文献中提到一座山峰的同时，又都提到了一座寺庙。在《金史·海陵纪》中称为"云峰寺"，《建炎以来系年要录》中称为"大洪山佛寺"，《大金国志·陵庙制度》中称为"大洪谷龙城寺"，《金虏图经》中虽然没有点出寺名，却称："至筑陵之处，亮

金陵遗存殿基（之二）　首梦 摄影

[1]《金史》卷五十六《百官志》。
[2]《金史》卷五十一《选举志》。

寻毁其寺，遂迁祖宗、父叔改葬于寺基之上。"显然，这种认为佛寺建造处是风水宝地的观念，应该也是当时有关墓葬风水的一种流行说法，所以金海陵王才会拆毁佛寺，建造皇陵。

对于皇陵的定位，时人给了两个地标：一个地标是《金虏图经》所说，大洪山距良乡县城五十余里，另一个地标只是说"筑陵于西南九十余里大洪山"，这个距离，应该是指金中都城距大洪山九十余里。此后，金世宗在大定年间又在皇陵旁边设置了万宁县，金章宗又在明昌年间将之改称为奉先县，此后元世祖至元年间再改称房山县。这处县城建在金皇陵东面二十里。

新中国成立后，考古工作者曾经对大房山的金朝皇陵进行了较大规模的考古发掘工作，并且取得了较为丰富的考古成果。20世纪50年代，原河北省文物管理委员会曾经对金朝皇陵进行过初步调查。从70年代开始，随着经济建设的不断发展，北京市文物研究所（考古工作队）的专家们对金朝皇陵区域内出土的相关文物进行了调查和研究。到80年代中后期，相关专家对这处皇陵区进行了较为全面的考古调查，并撰写出学术报告。1995年，金皇陵被公布为北京市文物保护单位，2006年，又被公布为全国重点文物保护单位。

对大房山金朝皇家陵寝的正式考古发掘工作是从2002年春天开始的，发掘工作主要是围绕金皇陵的主陵区展开的，这处陵墓区今称九龙山，系由九条山脉汇集，如同九条神龙相聚，故名。这处山脉的形势与古代堪舆学中的风水宝地极为吻合，因此才被金朝司天台的官员看中，上报给金海陵王，并最终确定为皇家主陵寝的所在地。

相关考古工作者经过考古发掘和进一步研究，指出："九龙山低于连山顶，符合堪舆学所谓'玄武垂首'说。九龙山之东为绵延迤逦的山冈，是明显的皇陵'护砂'，符合堪舆学所谓'青龙入海'的'左辅'之说。九龙山之西为几个凸起的山包，亦是明显的皇陵'护砂'，符合堪舆学所谓'虎踞山林'的'右弼'之说。"[1]经过相关学者的深入研究发现，金海陵王在选择这处皇家陵寝时是下了很大功夫的，司天台的官员们也是十分认真负责的，所以用了一年多的时间对京西大房山一带进行了十分详细的考察，才最终确定了金朝皇陵的位置。

[1]《北京辽金文物研究》所载《金陵遗址调查与研究》。

二、皇家陵墓及行宫的建造

金海陵王在扩建金中都城的时候，模仿和学习的对象是宋朝东京（开封）的都城模式，但是，在皇家陵墓的建造模式方面，他却没有继续学习宋朝皇陵的模式，而是上承汉唐以来的皇陵建造模式，即依山为陵，在山麓之间选择最佳位置，然后开始建造。这种建造模式的优点有两个：一个是山麓之处比较高爽，不会受到地下水的侵蚀，从而推迟了棺椁的腐烂时间；另一个是依山建陵，使皇陵的气势更加雄伟，这个优点是在平地建陵所不具备的。

在贞元三年（1155年）三月，金海陵王确定皇家陵寝的位置之后，同年五月，他又亲自到大房山去视察了一次，然后确定开始动工建造陵墓。同年七月，他再次到大房山视察陵墓的建造情况，因为不满意工程进度，"杖提举营造官吏部尚书耶律安礼等"。同年八月，他第三次来到大房山视察建造皇陵工作的进度，这次应该是正式动工，"启土，赐役夫，人绢一匹"。[1]金海陵王的奖励，是为了加快建造进度。

到同年十一月，皇家陵墓主陵区的建造工程基本完成，史称："山陵礼成。"也就是说，安葬金太祖等人的第一阶段工作已经完成，而且举行了相关的祭祀典礼。到翌年八月，金海陵王又一次到大房山，视察第二阶段皇陵建造的相关情况。两个月后，金朝皇陵的第二阶段工程也告完工。"葬始祖以下十帝于大房山"，并且在闰十月再次举行了祭祀典礼，"山陵礼成，群臣称贺"。金海陵王建造皇陵的第一阶段和第二阶段工程颇为仓促。第一阶段的工程所用时间只有半年，如果从正式"启土"开始算，则仅有三个月；第二阶段工程所用的时间稍稍宽裕一些，也只有将近一年时间。

在这处金皇陵的建造过程中，又曾在金太祖陵前雕刻过石像。史称："海陵迁诸陵于大房山，以挞懒尝给事太祖，命作石像，置睿陵前。"[2]这个举措，应该是特例。金朝统治者早在建造祭祖的原庙时，就曾经仿照唐太宗的绘制二十四位功臣画像于凌烟阁的做法，在原庙中绘制有众多功臣画像。而金海陵王命刻挞懒石像安置在金太祖陵前，也是为了表彰挞懒的功绩。

[1]《金史》卷五《海陵纪》。
[2]《金史》卷六十六《宗室传》。

金陵遗址　安琪 摄影

参加建造皇陵工程的政府官员有耶律安礼及苏保衡等人。耶律安礼和苏保衡二人在《金史》中皆有本传，可以见其生平为人。耶律安礼是契丹人，"事母以孝闻"。金熙宗时，即在山西大同的行台任职。金海陵王时，升任工部尚书及吏部尚书。负责建造大房山皇陵时，他正任吏部尚书。这种大规模的建造工程应该是由工部负责的事情，但是金海陵王却把这个重要工作交给他负责，可见对他是十分信任和重视的。耶律安礼不仅以孝顺著称，而且为官"不附上刻下"，做人"廉谨自将"[1]，由此可见，他在金朝是政府官员的典范。而他在建造皇陵时受到金海陵王的杖责，也不是由于他的过错。

苏保衡是山西大同人，其父苏京曾任辽朝的西京留守，及金军进攻大同，归降金朝。金海陵王扩建中都城时，"张浩举保衡分督工役。改大兴少尹，督诸陵工役。再迁工部尚书"。他的优点就是特别能干，金海陵王扩建中都城、建造皇陵，皆由他参与这些重要的工

[1]《金史》卷八十三《耶律安礼传》。

作。及金海陵王被弑之后，他又受到金世宗的重用，曾经负责被焚毁的金中都园林神龙殿十六位的重建工程。他在大定六年（1166年）病故时，"世宗将放鹰近郊，闻之乃还，为辍朝，赙赠，命有司致祭"[1]。由此可见，金海陵王在建造大房山皇陵时，选用的官吏都是比较精干的。

金海陵王在建造皇陵的同时，又在陵墓附近建造了一座行宫，作为他日后祭拜陵墓的休憩之地。行宫建造要早于陵墓的建造，是在这一年的三月。而行宫的竣工也早于陵墓的竣工。同年十月："大房山行宫成，名曰磐宁。"[2]这座行宫在建成后，成为此后金朝帝王祭拜皇陵的休憩之所，而且有许多与皇陵相关的祭祀活动也是在这里举行的。

如在金世宗时，曾于大定二年（1162年）正月"乙亥，如大房山。丙子，献享山陵"。同年九月，金世宗把其父睿宗完颜宗尧改葬在皇陵之中，于是，"奉迁睿宗皇帝梓宫于磐宁宫"。同年十月，金世宗又"如山陵，谒睿宗皇帝梓宫，哭尽哀"并"葬睿宗皇帝于景陵"。翌年八月，"乙酉，如大房山。丁亥，荐享于睿陵。戊子，还宫"[3]。这次前后四天的祭祀活动，应该都是住在这座行宫磐宁宫里。

又如金章宗时，曾在大定二十九年（1189年）八月"丁酉，如大房山。戊戌，谒奠诸陵。己亥，还都"。同年九月"乙酉，如大

[1]《金史》卷八十九《苏保衡传》。
[2]《金史》卷五《海陵纪》。
[3]《金史》卷六《世宗纪》。

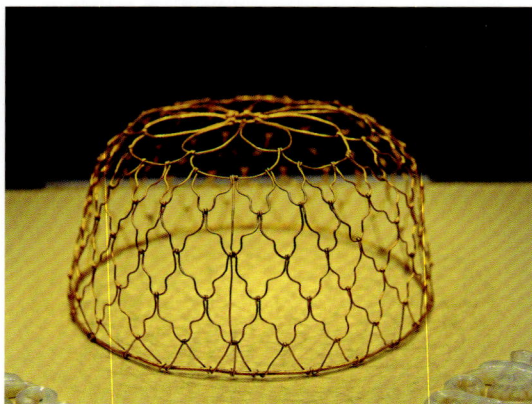
金丝冠——北京房山金陵出土　首都博物馆藏
王路明 摄影

铜坐龙——北京房山金陵出土　首都博物馆藏
王路明 摄影

房山。冬十月丁亥朔，谒奠诸陵。己丑，还都"[1]。这次活动，前后五天，也应该都住在大房山的磐宁宫里。翌年正月，金章宗再次来到大房山，"奠谒兴陵、裕陵"。同年二月"甲寅，如大房山。三月乙卯朔，谒奠兴陵。丙辰，还都"[2]。这些频繁的祭陵活动，都与这座行宫密切相关。

但是，随着元太祖建立大蒙古国，并不断出动大军攻打金中都城，迫使金宣宗不得不南逃汴京，这座位于大房山的金朝皇陵与行宫一起，日趋荒废。到了此后的明朝末年，金皇陵遭到毁灭性的破坏。到了清朝前期，虽然顺治帝、康熙帝、雍正帝、乾隆帝皆对这座金朝皇陵极为重视，并修复了金太祖及金世宗的陵墓，但是，因为明朝时期的破坏太严重了，已经很难再恢复原貌了。

三、皇家陵寝的布局

金海陵王于贞元年间建造在大房山的皇陵主要有三处：

第一处是主陵区，只建造了三座帝陵，即金太祖的睿陵、金太宗的恭陵和金德宗的顺陵。这三座帝陵皆是建造在大房山云峰寺的寺基之上。考古工作者在金太祖的墓葬中发掘出四具石椁，"其中两具南北向素面石椁，两具东西向汉白玉雕花纹石椁。两具雕花纹石椁中，一具是龙纹石椁……另一具雕凤纹石椁"，这两座雕花纹石椁应该就是金太祖及圣穆皇后唐括氏的石椁。而那两座素面石椁应该是太祖光懿皇后裴满氏和钦宪皇后纥石烈氏的石椁。这四具石椁，应该都是金海陵王在贞元三年（1155年）建造皇陵之后第一次安葬的。

金太宗的陵墓位于金太祖陵墓的东侧，这处陵墓虽然已经被盗掘过，但是相关考古工作还没有正式展开。金德宗的陵墓位于金太祖陵墓的西侧，这处陵墓没有被盗掘过的痕迹，但是，据相关专家推测，这座陵墓应该是空墓。据相关文献记载，大定二十二年（1182年）四月，金朝大臣上奏，金海陵王已经被废为庶人，迁出皇陵的诸王墓葬群，因此，应该把金德宗削去帝号，迁出皇陵。这个请求得到金世宗认可，并"昭天下"。由此可知，这座皇陵在大定年间已经被废毁了。至于金德宗的陵墓被迁移到何处，已经不得而知了。

第二处是辅陵区，建造的是金太祖之前十帝的陵墓，当时人称这

[1][2]《金史》卷九《章宗纪》。

十座帝陵也是建造在云峰寺的寺基之上。但是，这处诸帝陵墓的建造地点与云峰寺的三座帝陵是有些距离的。据相关专家研究，认为这处陵区位于九龙山西南的石门峪中，今称"十王冢"或"十王坟"。早在金熙宗时，金上京的十帝陵中已经很难安葬十帝的遗骸，大多都应该是"衣冠冢"，而在迁移到金中都的皇家陵寝之后，也应该只是"衣冠冢"而已。

据考古专家们的描述称："如今，石门峪陵区荒芜日久，灌木荆棘丛生，十座帝陵的地面建筑及封土早已湮没无存，十帝陵的具体陵址已难寻踪迹，仅遗留有零星的建筑残件。""在以往的调查中，还发现有高0.8米、直径1.1米的八棱形华表底座，以及柱础、汉白玉栏板和望柱等残损构件。十帝陵的确切情况，还有待今后的科学发掘。"至于十帝陵是否只是"衣冠冢"，也只有等待今后考古发掘工作进一步开展才能够得到印证。

第三处则是皇家诸宗王的墓葬群，在当时被称为"诸王茔域"或者"诸王兆域"。在这处金朝皇家贵族墓葬区里，曾经埋葬过两位金朝的帝王，一位是金熙宗，另一位就是金海陵王。这两位帝王皆是被弑而亡，因此，都没能够进入皇陵安葬。此外，还有一位帝王，即卫绍王，也是被弑身亡，却不知安葬在哪里，但是肯定不会在皇陵之中。

金熙宗是在皇统九年（1149年）十二月被金海陵王等人弑杀的，随后被埋葬在皇后裴满氏的墓中。及金海陵王迁都燕京，新建皇陵，并把金朝诸帝的遗骸迁到金中都城

牡丹纹望柱——北京房山金陵出土　首都博物馆藏
王路明　摄影

时，也把金熙宗的遗骸一起迁来，加以安葬。史称："贞元三年，改葬于大房山蓼香甸，诸王同兆域。"这时的金熙宗并没有被安葬在皇陵之中，而是被安葬在诸宗王的墓葬区中。

及金世宗即位后，为金熙宗平反并恢复名誉，追谥他为武灵皇帝，"陵曰思陵"。这座陵墓应该仍然是在诸王墓葬区的蓼香甸，因为是诸宗王的待遇，没有帝王的气派，于是金世宗又下令："以思陵狭小，改葬于峨眉谷，仍号思陵。诏中外。"这处峨眉谷，仍然不在金海陵王设置的皇陵主陵区里。

金海陵王的命运比金熙宗还要悲惨。他在死后被运回了金中都城，并在大定二年（1162年）四月，"葬于大房山鹿门谷诸王兆域中"并追谥为炀王，也就是说不承认他的帝王身份，也只是给了一个宗王的待遇。但是，到了大定二十年（1180年），大臣再次上奏，认为金海陵王罪大恶极，不应该享受宗王的待遇，于是金世宗下令："乃诏降为海陵庶人，改葬于山陵西南四十里。"[1]金海陵王亲自建造的大房山皇陵，安葬了诸多的金朝帝王，最后他自己却被驱逐出了皇陵区，就连诸王陵墓区也没有了他的安葬之地。

金中都的诸王陵墓区，文献显示有两处，一处是蓼香甸，另一处是鹿门谷。据相关考古专家的发掘调查，认为鹿门谷在九龙山皇陵的西南方，而在它的西南方则为凤凰山陵区。同时考古专家认为，安葬金熙宗的蓼香甸也是在鹿门谷中。至于金熙宗后来被迁移到峨眉谷安葬，这处峨眉谷在何处，或者是在凤凰山陵区内，已经不得而知了。[2]

在金朝的大房山一带，除了皇陵和诸王陵墓之外，还有一处皇后陵墓，称坤厚陵。这处陵墓是金海陵王死后，金世宗为皇后乌林答氏建造的。这处陵墓虽然不是金海陵王建造的，却与他有着直接的关系。当时金海陵王对葛王（即金世宗）颇为猜忌，为了找到借口迫害葛王，于是召其王妃乌林答氏来金中都。乌林答氏既不能抗命，又不肯受辱，于是，在前往中都城时到良乡自杀。葛王遂将她安葬在了宛平县土鲁原。此后，葛王即位，史称金世宗，在大定二年（1162年），"追册为昭德皇后，立别庙"，并在大定十九年（1179年），"改卜于大房山"[3]即坤厚陵。这座坤厚陵的建造，应该是金中都皇陵中的一个特例。

[1]《金史》卷五《海陵纪》。
[2] 以上考古专家的研究成果均见于北京市文物研究所编《北京金代皇陵》一书。
[3]《金史》卷六十四《后妃传》。

第六章 迁都南京

金海陵王在扩建完金中都城之后，如果不再向南扩张，企图一统天下，而是驻守中都城，把国家好好整顿一下，历史的进程很有可能会被改写。但是，历史是不能假设的，金海陵王为了实现自己的远大政治抱负，不惜举倾国之力要攻灭南宋，用以表明自己才是中国"正统"的代表。为了实现这个远大的抱负，金海陵王做了大量工作。

为了一统天下，金海陵王首先是把都城进一步向南迁移，为此，他甚至放弃了刚刚建造好的金中都城及大房山皇陵。这个付出实在是太巨大了。为此，他顶住了上至皇太后、下至大臣们的反对，并为此而杀掉了许多忠臣。而他为了向南迁都，又不惜耗费极大的人力物力，重新修建金南京（即汴京）的各项都城设施，这一做法同样遭到了朝野上下的一致反对。但是，所有的反对都无济于事，金海陵王坚定地推行他的迁都南京的政治主张。

与此同时，他又调动金朝境内几乎所有能够调动的军队，打造各种进攻南宋的武器及战船，为了这项工作，金海陵王又是倾尽了全力。但是，这项准备工作带来了更大的反对浪潮，甚至出现了一些影响很大的叛乱活动。而在后方局势很不稳定的情况下发动一场大规模的军事行动，显然是一种丧失理智的举措。正是这种丧失理智的举措，最终改变了金海陵王的人生轨迹。

第一节 海陵王对金南京城的恢复

在中国古代，都城制度的设置一直是一项极为重要的政治举措。金朝建立之前，辽朝和宋朝都实行多都制度，即一个都城为首都，其他几个都城为陪都。但是，辽朝和宋朝的多都制度内容是不一样的。金海陵王在夺得皇权之后，对金朝的都城制度加以调整，基本上承袭了辽朝和宋朝的多都制度。这个举措对于巩固金朝对半壁江山的统治

开封古城　刘明月　摄影

是起到了十分积极的作用。

　　金海陵王选择燕京作为首都，是一个有远见的政治举措。当时的燕京，应该是金朝建立首都的最佳选择。这里正是金朝五京体系的枢纽之地，也是金朝帝王统治半壁江山的理想场所。但是，金海陵王的目标太大了，大到了他完全无法掌控的地步。而为了实现这个目标，他进一步迁都金南京的举措就变得十分合理了。如果能够统一天下，金南京城也不失为一个理想的统治中心。

　　金海陵王修复金南京城的举措在他的努力下得以实现，他调集大量军队准备南伐的工作也进展得较为顺利。在他看来，实现攻灭南宋的目标指日可待。但是，民心所向的巨大力量是金海陵王无法抗拒的。没有想到的是，金南京城的修复在他进攻南宋的进程中没有起到任何作用。更没有想到的是，这座由金海陵王修复的金南京城在半个世纪之后又成为了金朝的首都。只是这次不是金朝帝王要南伐宋朝，而是他们自己受到了蒙古势力的威胁和冲击，而不得不逃跑到这里，又苟延残喘了几十年，最后还是难逃灭亡的厄运。

丞相张浩、参知政事敬嗣晖营建南京宫室。明年，德基与御史中丞李 [1]《金史》卷九十《高德基传》。
筹、刑部侍郎萧中一俱为营造提点。"[1]而高德基也曾参加扩建燕京 [2]《金史》卷三十《礼志》。
城的工程，并曾任中都路都转运使之职。 [3]《金史》卷五《海陵纪》。

金海陵王为了迁都于金南京，故而除了重新修复宫殿等生活设施
之外，又建造有太庙等皇家礼制设施。史称："皇统三年，初立太
庙，八年，太庙成，则上京之庙也。贞元初，海陵迁燕，乃增广旧
庙，奉迁祖宗神主于新都，三年十一月丁卯，奉安于太庙。正隆中，
营建南京宫室，复立宗庙，南渡因之。"[2]这座新建造的太庙，被安
置在宫城正南御路的东侧，也设置有从金始祖一直到金太宗的神室。
及金宣宗从金中都迁都到这里，又把其他诸帝的神主也迁移到这里，
加以供奉。

金海陵王修复金南京的工程从正隆三年到正隆六年（1158—
1161年），前后历时近四年，耗费了金朝极大的人力物力。史称其
"至营南京宫殿，运一木之费至二千万，牵一车之力至五百人。宫殿
之饰，遍傅黄金而后间以五采，金屑飞空如落雪。一殿之费以亿万
计，成而复毁，务极华丽"[3]。这种劳民伤财的工程，应该与他最后

金代什刹海与太液池　这片水域整体被称作白莲潭。图为什刹海晚霞　张晨声 摄影

伐宋战争的失败有着直接的关系。

第二节　海陵王的政治抱负

金海陵王作为一位少数民族的领袖人物，生活在民族大融合的历史背景之下，并积极投入其中，竭力为促进大融合的进一步发展而采取种种举措，从而推动了这一时期的历史发展。他在执政之初的所作所为，特别是他从金上京迁都到燕京的举措，是应该给予肯定的。

而在金海陵王迁到金中都城之后的举措，就出现了一些严重的问题。就主观方面的问题而言，金海陵王的政治抱负主要体现在他想要一统天下，达到天下大治的目的。但是，他没有考虑到金朝和南宋百姓们的愿望和利益，只是按照他自己的设想去一步步地落实，而结果却适得其反，遭到了双方的共同抵制和反抗。正如金海陵王手下大臣张浩所指出的那样，他扩建金中都城的举措是得到金朝大多数人支持的，而他修复金南京城的举措就遭到了大多数人的反对。

就客观方面的问题而言，一方面，金朝的军事力量虽然与南宋的军力相比，有着较大的优势，但是并不足以占据压倒性的优势，也就是说，尽管金海陵王倾全国之力发动攻灭南宋的战争，却无法完成这个办不到的设想。另一方面，南宋的政治局势虽然已经较为腐败了，却还没有发展到要因此而亡国的地步，大多数的江南百姓还是支持南宋政权的，还会为抵抗金朝的入侵竭尽全力。因此，在这种情况下，金海陵王想要一统天下的政治抱负也就只能落空了。而他非要一意孤行，其结果只能落得一个悲剧的下场。

一、一统天下的愿望

在金海陵王生活的那个历史时期，正处于全国政局大分裂的时期。金朝与南宋、西夏、大理等割据政权并立，但主要对立的两个方面，就是金朝和南宋。不论是金朝还是南宋的统治者，都是想由自己来统一天下。但是，二者之间还是有着一些差距的。因为金、宋双方在军事力量的对比方面有着优劣不同，南宋处于劣势，只要金朝不向它进攻，能够自保就得过且过了，根本没有收复中原失地的举措。而

金朝由于在军事上占据优势，再加上金海陵王又把敌人想象得过于软弱，因此，他认为攻灭南宋是一件比较容易的事情，统一天下只是弹指一挥间的结果。

在中国古代，不论是一统王朝时期，还是分裂割据时期，在传统观念上皆有"正统"一说。早在先秦时期，就有了所谓的正统之说，也就是夏、商、周的统治者皆"受命于天"，故而称为天子。而天子所代表的，就是正统。到了秦汉时期，则出现了所谓的"五德终始说"，认为统治者之所以能够得到天下，是以"五德"（即五行）轮回为依据的。当时有所谓秦以水德而得天下，汉以火德而得天下。这种五行轮回的观念在当时影响极大。

再往后，到魏晋南北朝时期，天下大乱，各个割据政权都是以势力强弱来争夺天下，于是，人们对"正统"的观念又有了新的见解。北魏时期的大臣高闾曾指出："臣闻居尊据极，允应明命者，莫不以中原为正统，神州为帝宅。苟位当名全，化迹流洽，则不专以世数为与夺，善恶为是非。故尧舜禅揖，一身异尚；魏晋相代，少纪运殊。"[1]也就是说，谁占有中原地区，谁把都城设置在中原地区，谁明辨善恶是非，谁就代表了正统。而从这个时期开始，许多少数民族政权（往往从边缘地区崛起）则是把汉族政权（即位居中原的王朝）视同为正统王朝的代表。

到了辽、宋、金、元时期，再次出现分裂割据局面，而这种正统观念却得以延续，只是变得更加复杂。因为在这个时期，辽、金、元等少数民族政权的统治者与中原及江南地区的两宋王朝之间的关系已经不一样。在汉代和唐代，中原地区建立的汉族政权是比较强大的，除了武力强大之外，文化更加强大，因此，自然被周边地区的少数民族政权奉为"正统"王朝。但是，在辽、宋、金、元时期，三个少数民族政权的武力都比由汉族建立的两宋王朝要强大，并且变得越来越强大，于是，他们就有了自称"正统"、与中原王朝一争高低的资本。

例如，辽朝的亡国之君天祚帝在向金朝统治者进献降表时称："伏念臣祖宗开先顺天人而建业，子孙传嗣赖功德以守成，奄有大辽，权持正统，拓土周数万里，享国逾二百年，从古以来，未之或

[1]《魏书》卷一百〇八《礼志》。

《女史箴图》局部 （东晋）顾恺之绘 图上有金章宗手书女史箴76字

有。"[1]他对于祖先曾经的辉煌念念不忘，且以"正统"自居。

　　而这时的金朝统治者正意气风发，灭辽伐宋，不可一世，自然也是以"正统"自居。例如金太宗在给宋朝统治者的回复信中称："今皇帝正统天下，高视诸邦，其惟有宋不可无主，然摧灭大权已入握内，又为元奉旨谕叮咛，屡遣人使，遂与安和，惟求转祸成福，勿有疑惑。请准前去文字，别遣大臣将呈御笔，早图万世之和。"[2]这时的金朝军队已经兵临开封城下，随时可以攻灭北宋，故而敢于耀武扬威，自称"正统天下"。

　　宋朝统治者先是败于辽朝，后又败于金朝，最后亡于元朝，屡战屡败，而在宋朝君臣的观念中，却仍然以"正统"自居。如宋朝的文臣聂崇义在谈到祭祀制度时称："皇家以火德上承正统，膺五行之王气，纂三元之命历，恭寻旧制，存于祀典。伏请奉赤帝为感生帝，每岁正月，别尊而祭之。"[3]当然，也有一些宋朝大臣认为宋朝是以"金德"上承正统，无论何种说法，却都是以"正统"自居。

　　金海陵王在即位以后，如金太宗一样，也是不可一世的，在他眼里，周边的割据政权都是不堪一击的，一统天下的正统大业，在他的手中，指日可待。金海陵王在夺得皇权之后，曾对群臣讲述了他的一

[1]《大金吊伐录》卷四《辽主耶律延禧降表》。
[2]《大金吊伐录》卷一《回札子》。
[3]《续资治通鉴长编》卷四《太祖·乾德元年》。

次经历，称："朕幼时习射，至一门下，默祝曰，'若我异日大贵，当使一矢横加门脊上。'及射，果横加门脊上。后为中京留守，尝大猎于此地，围未合，祷曰，'我若有大位，百步之内当获三鹿。若止为公相，获一而已'。于是不及百步连获三鹿。又祝曰，'若统一海内，当复获一大鹿'。于是果获一大鹿。"[1]由此可见，金海陵王早在夺得皇权之前，就有了即位称帝（所谓的"异日大贵"）及一统天下（所谓的"统一海内"）的政治抱负。因此，他在夺得皇权之后，自然要为统一海内、真正实现"正统"而努力拼搏。

[1]《金史》卷一百二十九《张仲轲传》。

二、对江南地区的憧憬

金海陵王在一统天下的进程中，面对的最主要敌手就是占据江南地区的南宋政权。而他在攻灭南宋敌手的同时，又显露出他对江南地区有着浓郁的憧憬。因为自唐代以后，江南地区的经济发展水平已经超过了中原地区，更是远远超过了东北地区。除此之外，随着经济发

江南风光——苏州　视觉中国 供图

展的繁荣，江南地区的文化发展，也超过了中原地区，成为中国古代新的文化中心。如杭州（时称临安）、苏州、扬州等城市，更是以"天堂"之称而受到极大赞誉。

首先，是江南地区的自然环境与北方地区相比，有着较为优越的条件，山清水秀，植被葱郁。而北方地区穷山恶水，与江南相比差距极大，东北地区的自然环境更加恶劣。金海陵王时有件事情，即种植荷花的事情值得注意。时人称：在天德二年（1150年）七月的一天，"宫中燕，间谓（梁）汉臣曰：'朕栽莲二百本，俱死，何也？'汉臣曰：'自古江南为橘，江北为枳，非种者不能，盖地势然也。上都地寒，惟燕京地暖，可栽莲。'主曰：'依卿所请，择日而迁'"[1]。文中的"主"即指金海陵王。

他在金上京的宫殿中栽种了二百棵荷花（即莲花），却都被冻死了。显然，金海陵王只知道荷花美丽，却不知道这种花卉必须生长在气候温暖的地方才能够成活。而燕京与金上京相比，气候要温暖一些，种植荷花是可以成活的。通过这则描述，似乎金海陵王是为了观赏荷花才从金上京迁都到燕京，其实这是一个误导，迁都是举国大事，岂是几朵荷花就能够决定的？但是，燕京与金上京的气候相比，确实有一定的优越性。但是，若与江南相比，又有着较大的差距。

当时文献又记载，一次金海陵王与梁汉臣在宫中游玩，"闻人唱柳耆卿《望海潮》曲，皆钱塘景物。亮问之曰：适唱何调？答曰：《望海潮》。梁汉臣曰：此神仙词也。时孔彦舟进木樨一株，亮喜。梁汉臣曰：此花乃江南植以为薪"。当时大臣胡邻又曰："臣使江南，扬州琼花、润州金山、平江姑苏、钱塘西湖，尤为天下美观。其地更有多多美景，但臣迹不得到。只此数景，天下已罕，况于他乎。"[2]这种对江南景物秀美的描述，自然会激发金海陵王对江南优越自然环境的憧憬。

江南不仅风景秀美，物产丰富，而且有着众多美女。北方地区虽然也有许多美女，自古以来就盛传"燕赵多美女"的说法，并且有很多著名文士写有诗文，称赞燕赵女子的美丽，但是，江南女子的美丽与中原及北方地区的女子是完全不同的类型与风格，对长期生活在北方地区的男子有着特别大的魅力。金海陵王作为长期生活在东北地区

[1]《日下旧闻考》卷四引《大金国志》。
[2]《御订全金诗增补中州集》卷首上《帝藻》。

并以此为中心建立了一套完整的都城体系。当时的金朝疆域，北抵白山黑水之间，南达江淮一线，燕京的位置，确实是在二者的中间。如果金朝不再继续向南扩张，这个位置改称为中都，是非常合适的。其他的四座陪都，也都是以金中都城为中心而设置的，既有对辽五京制度的继承，也有进一步的新发展。

但是，当金海陵王把攻灭南宋放在下一步的发展国策之内加以考虑，也就是把江南划入金朝的版图之后，金中都城的位置就不再是全国疆域的中心位置，而是有些偏北了。在这种情况下，位于中州腹地的汴京，就更加趋近于全国的中心位置，这也就成为金海陵王南迁都城的一个重要原因。于是，他在决定并实施南迁都城的时候，又颁布了一通诏书。

该诏书称："朕祗奉上元，君临万国，属从朔地，爰出幽都。犹局蹐于一隅，非光宅于中土。顾理道所在，有因有循；权变所在，有

扬州瘦西湖　视觉中国　供图

革有化。大梁天下之都会，阴阳之正中，朕惟变通之数，其可违乎？往岁卜食相土，宜建新都，将命不虔，烬于一炬。第川原秀丽，卉物丰滋，朕夙有志焉。虽则劬劳，其究安宅。"[1]文中"大梁"即指汴京。金海陵王认为，金中都城还是在北方"朔地""幽都"，而汴京才是"阴阳之正中"的大都会。

显然，汴京不仅是天下之"正中"，而且还是进攻南宋的战略要地，这一点，则是金海陵王和一些大臣的共识。例如，在他身边极受宠信的梁汉臣在正隆二年（1157年）正月即曾指出："今河北、河东、河西三路河道皆通，可以积粮草于汴京，乃是要冲。臣闻遗宋招揽贤才，练兵训将，其意尝在中原，必有大忧。愿陛下丰仓廪，备器械，练兵马，乃太平之治也。且汴京重地，可以镇服南边。"[2]以汴京来"镇服南边"，确实是符合金海陵王攻伐南宋的战略总目标的。

两年以后，梁汉臣又向金海陵王建议："汴京重地，镇服南边一也；令诸州军置造器甲，咸使精备二也；粮食不缺，三也；创置巨船、训习水卒、支备海道四也；招募义士，使为先锋五也。"[3]梁汉臣在史书中是作为奸臣来加以描述的，但是他的一些见解还是颇有独到之处的，受到金海陵王的赏识也是有道理的。他所建议的这五条措施，确实是攻伐南宋必须要考虑到的问题。

金海陵王迁都汴京，在他看来是百年大计，也就是统一天下之后的"新都"，因此下的功夫一点儿也不比扩建中都城少。时人称其："运天下林木、花石，营都于汴。将旧营宫室、台榭，虽尺柱亦不存，片瓦亦不用，更而新之。至于丹楹刻桷、雕墙峻宇，壁泥以金，柱石以玉，华丽之极，不可胜计。"[4]这种奢华的程度，甚至超过了扩建中都城的工程。

但是，金海陵王在迁都的过程中却出现了"天公不作美"的情况，南宋人称："是月，金主亮南徙汴京。其臣自左丞相张浩以下，具九节仪从，迎亮于南薰门。亮及门，而雨暴至，仪从皆不克举。亮入内，至承天门，迅雷大风作。天变如此，亮不知惧也。"[5]这个时候出现了暴风骤雨，在古人看来是"大不吉利"的事情，甚至可以说是"上天"对金海陵王发出了警告，同时也是南宋文人幸灾乐祸的一种表现。

[1][2][3]《大金国志》卷十四《海陵炀王中》。
[4]《三朝北盟会编》卷二百四十二。
[5]《建炎以来系年要录》卷一百九十一。

对于这件事情，《金史》的记载略有不同。史称："（六月）上自汝州如南京。壬戌，次南京近郊，左丞相张浩率百官迎谒。是夜，大风，坏承天门鸱尾。癸亥，上备法驾入于南京。"据此可知，张浩率百官拜见金海陵王是在第一天的汴京郊外，当天晚上刮了大风，并毁坏了承天门上的鸱尾琉璃瓦。而金海陵王率仪仗队进入汴京是第二天，并没有受到暴风雨的打击，同年七月，金海陵王又"赐从驾、从行、从军及千户谋克钱帛"[1]。由此可见，南宋的文人们对金海陵王的这次迁都活动的描述是有些夸大的色彩。

对于金海陵王南迁汴京的举措，南宋的君臣是高度关注的。虽然金海陵王派遣使臣向南宋称这只是南下狩猎而建造行宫的行为，但是，南宋君臣却将信将疑，不断派出使臣来探查真相。如正隆四年（1159年）宋朝派遣大臣沈介为贺正旦（即今天的春节）使、黄中为贺生辰（即金海陵王的生日）使，前来汴京探查虚实，回到南宋后，两人得出的结论有着很大差距。而朝中大臣对他们两人的态度也是完全不同的。

时人称："时金主亮再修汴京，以图南牧。沈介为贺正旦使，先还，不敢言。中归，为上言：'彼国治汴京，役夫万计，此必欲徙居以见逼，不可不早自为计。'时约和久，中外解弛，无战守备。上闻，矍然曰：'但恐为离宫也。'中曰：'臣见其所营悉备，此不止为离宫。若南徙居汴，则壮士健马不数日可至淮上。惟陛下深图之。'宰相沈该、汤思退闻之，诘中曰：'沈监之归属耳，不闻此言。公安得为此也？'"[2]文中的"南牧"就是南伐，而沈介不敢说出金朝即将大举南伐的真相，使得朝中苟且偷生的君臣比较满意，而黄中敢于说出真相，却遭到质疑。害怕战争的宋高宗宁可听信金朝的谎言，认为金海陵王真的是在修建离

列鞢 这是女真贵族腰间佩戴的豪华饰物，用料考究，做工精细。1973年黑龙江绥滨中兴金墓出土

[1]《金史》卷五《海陵纪》。
[2]《建炎以来系年要录》卷一百八十一。

宫，而不愿意面对战争即将来临的现实。但是，金海陵王在修建汴京的同时，又打造战船及兵器，征调军队，这些举措规模都很大，是很难掩人耳目的，他的所作所为是无法用谎言来遮盖的。

二、筹措军备

金海陵王在启动大举攻灭南宋的战争之前，准备工作中最重要的一项就是打造战船。其一，金朝军队要想攻灭南宋，首先就要渡过淮河与长江这两条水上鸿沟，同时必然会受到南宋水军的阻击，因此，没有战船是不可能的。其次，在渡过长江之后，江南河湖纵横，没有战船也是无法消灭南宋的抵抗力量。而金朝的军队士兵，主要生活在北方，绝大多数是陆军和骑兵，却很少有水军，也很少有战船。要想发动大规模的南伐，必须要建造大量的战船。

早在金太宗攻灭北宋之后，金朝在与南宋的军事对抗中就开始有了打造战船的需求。天会十三年（1135年），金熙宗刚刚即位，就调动民夫打造战船。时人称其："兴燕、云两路夫四十万人之蔚州交牙山，采木为筏，由唐河及开创河道，运至雄州之北虎州造战船，欲由海道入侵江南。是役始于是岁之夏，以百姓大困，啸聚蜂起，海道之行遂成中辍。此刘豫遣人持《海道图》及木作战船小样献于大金，故有是役。"[1]这次打造战船的行动规模极大，调动民众多达"四十万人"，又是造船，又是开河道，由此而引发了民众的强烈反抗，使得造船活动被迫中止。而金朝打造海船的依据则是伪齐刘豫政权提供的，即所谓的"木作战船小样"，有了这个"小样"（即模型），按照比例放大即可。与此同时，刘豫又向金朝统治者提供了《海道图》，这是金朝进攻南宋的最重要的情报，有了《海道图》的指引，可以对南宋政权造成极大威胁。

时人又称："伪齐刘豫献《海道图》及战船木样于金主亶。金主亶入其说，调燕云、两河夫四十万，入蔚州交牙山，采木为筏，开河道，运至虎州，将造战船，且浮海入犯。既而盗贼蜂起，事遂中辍。聚船材于虎州。"[2]在这里，时人又提出了一条信息，即造船的事情虽然因为民众的反抗而中止了，但是造船所用的木材则已经砍伐完成，并被放在了虎州。虎州在《金史》中没有记载，据当时人称，是

[1]《大金国志》卷九《熙宗孝成皇帝一》。
[2]《建炎以来系年要录》卷九十六。

在雄州（今河北雄县）的北面，应该距蔚州（今河北蔚县）不远。

金海陵王为了南伐，开始第二次大规模打造战船的工程，启动的时间，据《金史·海陵纪》是在正隆四年（1159年）二月。但是，其他文献记

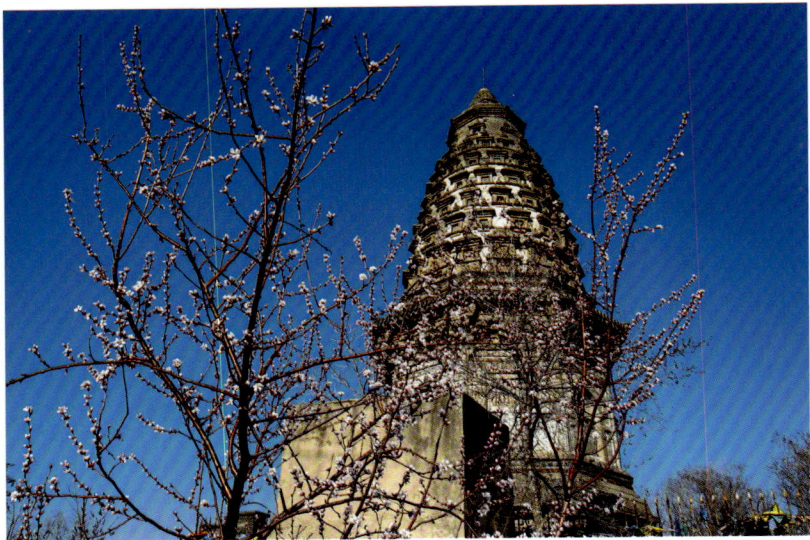

镇岗塔 位于北京市丰台区云岗村，建于金代　振阳 摄影

载多有不同。时人称："己卯冬，海陵乃命苏保衡造舟于潞河。"[1]文中"己卯冬"是指正隆四年的冬天。时人又称："（正隆四年十月）是月，金主亮再役诸路夫匠造军器于燕京，令尚书右丞李通董之。又令户部尚书苏保衡、侍郎韩锡造战船于潞河，夫匠之死者甚众。"[2]十月应该就是冬天了。时人还称：正隆五年正月，"遣工部尚书苏保衡、侍郎韩锡、郎中张参，预造战船于通州潞河"[3]。参加打造战船的，除了苏保衡、韩锡等人之外，又有徐文。徐文原来是宋朝的将领，以骁勇善战被称为"徐大刀"，也精通水战，曾任沿海水军都统制。后因受到排挤，投靠伪齐，此后得到完颜宗弼的重用，屡立战功。金海陵王时出任中都兵马都指挥使。"未几，海陵谋伐宋，改行都水监，监造战船于通州"[4]。因为他在南宋曾任水军将领，因此在通州"监造战船"是比较合适的。

另一位参加打造战船的是斜卯阿里。他早在完颜宗弼主持攻伐南宋时，就负责打造战船之事，《金史》称："自结发从军，大小数十战，尤习舟楫，江、淮用兵，无役不从，时人以水星目之。"[5]金海陵王准备大规模伐宋时，他已经因年老而"致仕"（即退休），却被金海陵王召到金中都，参加打造战船的工作，显然，他在打造战船方面也是很有经验的，只是没过多久，即"以疾薨"。

而据南宋人讲，在通州打造战船的另有其人。时人称："金人所

[1]《建炎以来朝野杂记》卷二十《李宝胶西之胜》。
[2]《建炎以来系年要录》卷一百八十三。
[3]《三朝北盟会编》卷二百四十二。
[4]《金史》卷七十九《徐文传》。
[5]《金史》卷八十《斜卯阿里传》。

造战船，系是福建人，北人谓之倪蛮子等三人，指教打造七百只，皆是通州样。各人补忠翊校尉，虏主云，候将来成功，以节度使待之。"[1]在这里，南宋人把金海陵王在通州打造的战船称为"通州样"，而主持打造工作的是福建人倪蛮子。这种说法的可靠程度是比较小的。而认为打造战船的数量是"七百只"，实际上不止这个数量，而是多达数千只。

金海陵王军备筹措中的另一项内容，则是制造兵器。负责这项工作的，是尚书右丞李通，也是在正隆四年。时人称："时主再役诸路夫匠，造诸军器于燕京，令左丞李通董之。"[2]时人又称：正隆五年（1160年）"庚申春正月，再役天下军民匠，不限丁而尽起之，委右丞李通提控，造军器于燕山之西北隅"[3]。打造军器时，普通民夫是不行的，一定要是工匠，因此，金海陵王又将金朝各地的工匠全都征调到中都城来，打造军器。

史称：正隆四年四月，"诏诸路旧贮军器并致于中都……又中都与四方所造军器材用皆赋于民，箭翎一尺至千钱，村落间往往椎牛以供筋革，至于乌鹊狗彘无不被害者"[4]。由此可见，打造军器的工作，是从正隆四年到五年之间一直在做的一项重要工作，而与此同时，金海陵王又下令，把在各地储存的军器也一同征集到中都城来，以补充打造军器的不足之数。

金海陵王在军备筹措的过程中，不论是战船的打造，还是军器的制作，都给金朝的百姓带来很大的灾难。例如造船工作中的"夫匠之死者甚众"，又如制作军器时的"至于乌鹊狗彘无不被害者"，由此而造成了极大的社会动荡不安现象，在大规模战争开始之前就出现了这些严重的危害，会直接影响到战争的顺利进行。后方的不安定，是自古以来的兵家大忌。金海陵王显然忽视了这个重要的因素，这也是导致他最后失败的一个主要原因。

三、征集军队

在金海陵王大举南伐的战争开始之前，调动军队应该是最后的环节。这次大规模的征调军队是与打造战船、制作军器同时开始的。正隆四年（1159年）二月，金海陵王下令："诏谕宰臣以伐宋事。调诸

[1]《三朝北盟会编》卷二百三十。
[2]《大金国志》卷十四《海陵炀王中》。
[3]《三朝北盟会编》卷二百四十二。
[4]《金史》卷五《海陵纪》。

路猛安谋克军年二十以上、五十以下者，皆籍之，虽亲老丁多亦不许留侍。"这是征调的普通士兵。翌年九月，金海陵王又下令，"籍诸路水手得三万人"[1]。这是为组织水军做准备。

两年以后，金海陵王征调军队的工作基本完成。时人称："国主聚兵将南征，令户部尚书梁球、兵部尚书萧德温，先计女真、契丹、奚家三部之众，不限丁数，悉签起之。凡二十四万，壮者为正军，弱者为阿里喜，一正军，一阿里喜副之，类为一十二万。又中原汉儿与渤海军总一十七路，惟中都路造军器，河南路修汴京免签外，其一十五路，每路一万，通为二十七万。仿唐制，分二十七军，军数已定，遂以百户为谋克，千户为猛安，万户为统军。其统军则有正副，诸军悉令番汉相兼，无独用一色人者。"[2]对于这个记载，多见于南宋人的相关文献。

根据这个记载，金海陵王征调的军队分为两大部分：一部分是由女真、契丹及奚族的军士组成，合计二十四万人（有一半为阿里喜，即正军的副从者）。另一部分则是由汉族和渤海族的军士组成，合计十五万人。二者正式的军士共计二十七万人，如果加上副从者，则为三十九万人。这二十七万人共设有二十七个统军及二十七个副统军，其构成则是"番汉相兼"，以起到相互监督的作用。

而《金史》中的相关记载却与南宋人的记载差异较大。史称："正隆六年，海陵南伐，立三道都统制府及左右领军大都督，将三十二总管，有神策、神威、神捷、神锐、神毅、神翼、神勇、神果、神略、神锋、武胜、武定、武威、武安、武捷、武平、武成、武毅、武锐、武扬、武翼、武震、威定、威信、威胜、威捷、威烈、威毅、威震、威略、威果、威勇之号。"[3]据此可知，这时金军的组织框架不是二十七个军，而是三十二个军，每军皆设置有总管，略同于上文所云之统军。

正史又称："海陵南伐，分诸路军为三十二总管，分隶左右领军大都督府，遂以（完颜）昂为左领军大都督。"[4]文中的完颜昂即是奔睹。由此可见，金海陵王在举兵伐宋之时，调集的军队确实被分为三十二个军，而且每个军都有正式的名称，以"神"字（如神策、神威等）和"威"字（如威定、威信等）开头的军各有十支，以"武"

[1]《金史》卷五《海陵纪》。
[2]《大金国志》卷十四《海陵炀王中》。
[3]《金史》卷五十五《百官志》。
[4]《金史》卷八十四《完颜昂传》。

[1]《三朝北盟会编》卷二百四
十二。
[2]《建炎以来系年要录》卷一
百八十八。

字（如武胜、武定等）开头的有十二支军队。

金海陵王在征集了几十万军队之后，又从这些人中精选出了一批军士，组成特别的战斗队，时人称为"细军"或是"硬军"。"（正隆五年）十一月，委正番猛安所签定女真、契丹、奚家军内，检其精锐者十取一二，至都统复三取一。及燕山，亮自试其果能射者，得五千人，目曰'细军'，其甲各以五色绒线穿之。亮每自负曰：所签者数十万，但可张其势，取江南者，此五千足矣。"[1]这些人经过三次挑选，最后选中的为五千人，则是精兵中的精兵。

时人又称："金主亮令诸处统军择其精于射者，得五千人，分作五军，皆用茸丝联甲，紫茸为上，黄茸、青茸次之，号硬军，亦曰细军。亮每自诧曰：取江南，此五千人足矣。"[2]这部分精兵被南宋人认为是金海陵王的随身侍卫，虽然金海陵王说用这五千人就可以平定江南，但是，他们确实是用来保护金海陵王的，一直跟随在金海陵王身边。

对于细军的数量，当时又有一种说法称："先是，金亮有亲军女真三万，矛盾戈戟，器械精纯，尽用紫茸绦穿联铁甲，号紫茸军。其次用黄茸，号黄茸军。其次用青茸，号青茸军。紫、青、黄三军，一

居庸关是中国万里长城久负盛名的关隘，早在金代便以"居庸叠翠"名列"燕京八景"之一，"天下第一雄关"的赞誉更是流传至今　杨东 摄影

通州，在金朝以前一直称潞县，海陵王天德三年（1151年）升为通州，取"漕运通济"之义，"通州"之名由此而来。图为通州燃灯佛舍利塔（燃灯塔）　　振阳 摄影

名'细军'，又名'护驾军'。专一簇御宿卫，虽有大敌，悉不遣行。"[1]根据这种说法，细军不止五千人，而是三万人，应该是紫、黄、青三军各一万人。

而据有些文献记载，细军的出现早在金海陵王从金上京迁都到燕京时就已经有了。时人称：海陵王"差梁汉臣充修燕京大内正使，孔彦舟为副使，自天德四年起，至正隆三年毕工，改燕京为中都，择日迁都燕山府。以护驾军三十万、铁浮图一十万、紫茸细军一万为先锋"[2]。此处所云"天德四年"及"正隆三年"这两个时间节点皆误，但是以"紫茸细军"为迁都的先锋则是不误的。

这些"紫茸细军"在《金史》中也被称为"护驾军"，是由女真皇族猛安谋克中的精兵组成。史称："贞元迁都，更以太祖、辽王宗干、秦王宗翰之军为合扎猛安，谓之侍卫亲军，故立侍卫亲军司以统之。旧常选诸军之材武者为护驾军，海陵又名上京龙翔军为神勇军，正隆二年将南伐，乃罢归，使就金调，复于侍卫亲军四猛安内，选三十以下千六百人，骑兵曰龙翔，步兵曰虎步，以备宿卫。"[3]据此可知，这些紫茸细军是金海陵王从金上京迁都到燕京时组成的，又称"侍卫亲军"及"护驾军"，职责也主要是"备宿卫"，即保卫金海陵王的安全。

金海陵王正是率领这一支几十万人的大军发动攻灭南宋的战争的。只可惜的是，金海陵王在军事上并没有指挥才干，所以，在他的指挥下，金朝军队并没有发挥出应有的攻击力量。因此，在受到南宋军民的顽强抵抗之下，最终导致了灭宋战争的失败。历史进程再一次证明，得民心者得天下的道理。

[1]《三朝北盟会编》卷二百四十一引晁公迈《败盟记》。
[2]《三朝北盟会编》卷二百四十三引《炀王江上录》。
[3]《金史》卷四十四《兵志》。

的反差。

首先，是军队组织结构发生了巨大变化，直接削弱了金朝军队的战斗力。金朝崛起之初，是以女真民众的部落结构为军事单位的，分为猛安及谋克两级基层组织，在猛安、谋克之上则设置有万户。猛安及谋克的将领通常是由部落首领来担任的，而万户则由女真贵族等担任。及金朝不断击败辽朝时，许多辽朝和渤海国的士兵投降金朝，也被按照这种猛安、谋克的结构组织起来，而且万户及猛安、谋克的将领绝大多数皆是世袭的。

这种军事组织的优点是士兵同仇敌忾，故而战斗力极强，古语云："打虎亲兄弟，上阵父子兵。"就是指的这种情况。而其缺点，则是独立性太强，部落首领的影响太大，从而削弱了政府对军队的控制权。在金朝灭辽、伐宋的战争中，这种情况虽然也存在，但是因为战争的紧迫性，使得女真统治者无暇顾及这种缺点，一旦战争压力不断减弱，政局趋于稳定，女真统治者就会出手来处理这种情况。

为了加强政府对军队的控制，女真统治者采取了两项重要举措：一项举措是废除了这些军事组织中将领的世袭制度。如金海陵王在天德三年（1151年）十一月下令："诏罢世袭万户官，前后赐姓人各复本姓。"[1]这个举措是希望切断"世袭"的权力以加强政府对军队的控制，在当时是起到一定作用的。但是，在海陵王死后，金世宗却又

杭州岳王庙中的岳飞塑像　岳飞墓　岳飞墓坐落于杭州西湖北岸的栖霞岭下，墓对面列有秦桧夫妇等人铁铸跪像

[1]《金史》卷五《海陵纪》。

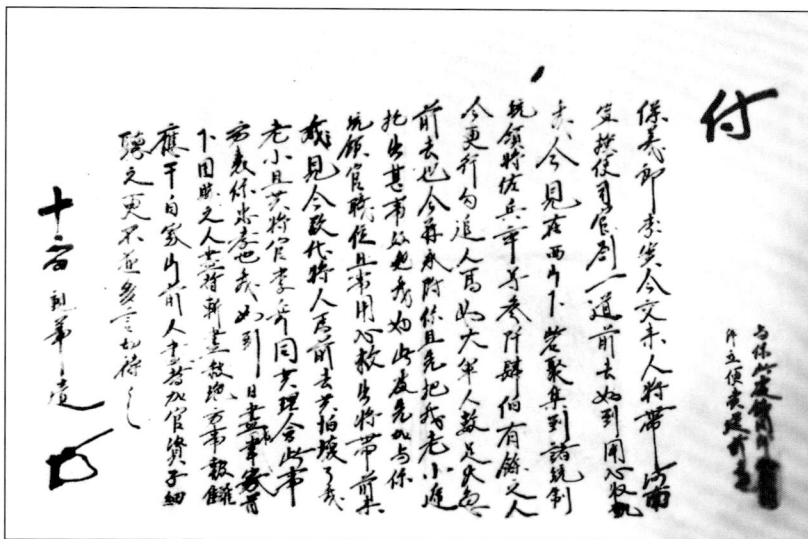

河东义军书信 南宋 1966年山西灵石绵山出土 这些书札，记录了南宋建立前后，河北、河东义军与官军联手，共同抵御金兵侵犯的史实

推翻了这项举措，他曾对宰臣说："猛安谋克皆太祖创业之际于国勤劳有功之人，其世袭之官，不宜以小罪夺免。"[1]

另一项举措是把女真、契丹等少数民族军队与汉族军队掺和在一起，目的是想要他们相互监督，结果却是极大地削弱了军队的战斗力。史称："然枢府签军募军兼采汉制，伐宋之役参用汉军及诸部族而统以国人，非不知制胜长策在于以志一之将、用力齐之兵也，第以土宇既广，岂得尽任其所亲哉。驯致极盛，乃自患其宗族国人之多，积其猜疑，卒自戕贼，遂致强本刊落，醇风镂薄，将帅携离，兵士骄惰。"[2]这种军事组织结构，虽然便于控制，却使军队的战斗力骤然下降。

其次，是指挥军队出战的将领素质发生了较大变化，这时的金朝军队中已经很少有能征善战的猛将了。金朝初年，在与辽朝的战争中，女真军队中涌现出了一批能征善战的将领，依靠他们的军事才干，取得了灭辽败宋的辉煌战绩。但是，到金海陵王伐宋之时，这一批杰出的将领有的在战争中牺牲了，有的则在生命周期的终点老病而死。这一大批杰出将领的消失，又没有年轻将领顶替上来，故而极大地削弱了金朝军队的战斗力。

如完颜宗翰（又称粘罕），在金太祖最初起兵伐辽时，即随同左

[1]《金史》卷七《世宗纪》。
[2]《金史》卷四十四《兵志》。

《溪山清远图》　南宋　夏珪绘　台北故宫博物院藏

右，征战屡立战功，首先参加达鲁古之战，为右军，大败辽兵。又与金太祖同议西征灭辽，远征数千里，几次大败辽军。金太宗时，又与完颜宗望上议，请伐宋朝，并主持西路军伐宋之事，遂与东路军统帅完颜宗望一起攻占宋东京（开封），俘获宋徽、钦二帝。此后，他又与完颜宗弼等人屡次出兵攻伐南宋。史称："宗翰内能谋国，外能谋敌，决策制胜，有古名将之风。"[1]至金熙宗即位不久死去。

又如完颜宗弼（又称兀术），为金太祖第四子，作战十分勇猛。曾随完颜宗望为攻伐北宋的东路军，连克汤阴、青州、临朐、濮州等地。及攻灭北宋之后，又成为进攻南宋的主力军，先后攻占归德、寿春、卢州、和州，又从和州渡过长江，再接连攻占江宁、太平州、濠州、湖州、杭州，迫使宋高宗逃窜入海，遂回师。此后，他又转战川陕一带，与宋军互有胜负。再转战中原，迫使南宋划江求和。史称："宗弼蹙宋主于海岛，卒定画淮之约。熙宗举河南、陕西以与宋人，矫而正之者，宗弼也。……时无宗弼，金之国势亦曰殆哉。世宗尝有言曰：'宗翰之后，惟宗弼一人。'非虚言也。"[2]而到金海陵王攻伐南宋之时，这些长期主持伐宋战争的大将军皆已死去，对金朝的军事力量造成了极大的消极影响。

最后，是金朝军队的斗志有了极大削弱，甚至出现了反抗战争的民众起义活动。由于不堪忍受金海陵王征兵伐宋的暴政，正隆五年

[1]《金史》卷七十四《完颜宗翰传》。
[2]《金史》卷七十七《完颜宗弼传》。

（1160年）三月，有东海县民众张旺、徐元等人起而反抗，金朝的地方官率军镇压，却并没有打败反抗的民众。金海陵王在得知此事后，即派行都水监徐文、步军指挥使张弘信、宿直将军萧阿宖等人率军前往镇压。同年六月，"文等至东海，与贼战，败之，斩首五千余级，获徐元、张旺，余众请降"。[1]这次的徐元等人的反抗虽然被镇压了，但是却也削弱了金军的战斗力。

翌年八月，有单州民众杜奎占领单州城，起而反抗，很快遭到镇压。"是时，山东贼犯沂州，临沂令胡撒力战而死。大名府贼王九等据城叛，众至数万。契丹边六斤、王三辈皆以十数骑张旗帜，白昼公行，官军不敢谁何，所过州县，开劫府库物置于市，令人攘取之，小人皆喜贼至，而良民不胜其害。"[2]尤其是王九（即王友直）率领的反抗活动影响极大："大名府贼王九据城叛，众至数万，所至盗贼蜂起，大者连城邑，小者保山泽，或以十数骑张旗帜而行，官军莫敢近。"[3]这些民众的反抗活动，在海陵王南伐时造成了金军后方的动荡不安，更是极大削弱了金军的斗志。

第二节　海陵王南伐时的金朝政局变化

自从金朝建立之后，各种矛盾就随着金朝的发展而产生出来，并且随着金朝的不断发展而逐渐发生变化，有些矛盾逐渐消逝了，有些矛盾则在逐渐激化，从而带来社会发展的动荡。金海陵王攻伐南宋的举措，就使得金朝社会内部一些固有的矛盾显露出来，并有了进一步的激化，从而产生了较大的社会动荡，直接影响到金朝统治的稳定。

在诸多矛盾中，有两个矛盾一直存在了

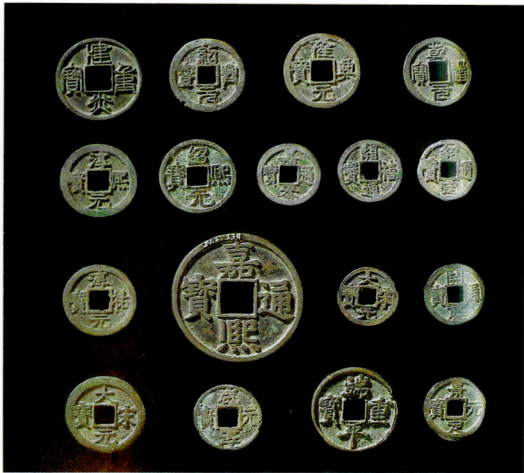

南宋铜钱

[1]《金史》卷七十九《徐文传》。
[2]《金史》卷一百二十九《佞幸传》。
[3]《金史》卷五《海陵纪》。

很长时间，始终没有得到彻底的解决：一个是金朝统治者与此前辽朝
契丹统治者之间的矛盾。在金朝起兵攻灭辽朝之时，有许多契丹贵族
见到大势已去，于是投降了金朝统治者，并且参加了攻灭辽朝和北宋
的战争，由于他们在当时有着较大的利用价值，由此而得到了继续生
存下去的机会。及辽朝和北宋灭亡之后，他们被利用的价值已经没有
了，于是陆续遭到清除，也就产生了较大的矛盾。这个矛盾在金朝政
局没有动荡时是潜伏较深的，一旦出现局势动荡，就会显现出来。海
陵王伐宋带来了社会动荡，也就带来了契丹族的叛乱。

　　另一个矛盾则是金朝统治者内部贵族之间的矛盾。金朝在建立之
后，由于受到原始部落继承制度的影响，从而没有形成严格的嫡长子
继承的皇位传承制度，而是父死子继与兄终弟及并用。金太祖死后，
皇位没有传给嫡皇子，而是传给了兄弟金太宗，由此而使得在皇位继
承这个至关重要的问题上出现严重矛盾。为了解决这个矛盾，在女
真贵族之间展开了残酷的相互厮杀，以及为争夺皇权而出现的宫廷政
变。一旦金朝政局出现动荡，金朝贵族之间的矛盾冲突也就会随之激
化，其最终的表达形式即是宫廷政变。而金海陵王既是宫廷政变的受
益者，同时也是宫廷政变的受害者。

一、敌对势力的活动

　　金海陵王攻伐南宋之时，最容易激发矛盾的事情就是征集民众为
兵士，这一举措引起各地民众的反抗，而尤以契丹族民众的反抗最为
激烈。这时的契丹族民众有一大部分生活在西北地区。当海陵王派
燨合、杨葛为使者前来征兵时，当地人认为："西北路接近邻国，
世世征伐，相为仇怨。若男丁尽从军，彼以兵来，则老弱必尽系累
矣。"但是，金朝征兵使者并没有考虑契丹民众的要求，继续征兵，
遂逼迫撒八、孛特补等人起兵反抗，"山后四群牧、山前诸群牧皆应
之"[1]。文中所云"邻国"，当指西夏。

　　撒八起兵之后，即将金朝派遣在西北地区的徒单赛里、完颜鹤寿
等人杀害。当时响应撒八叛乱的又有咸平府的括里，聚众两千人，击
败驻守咸平的完颜余里野："贼遂据咸平，于是缮完器甲，出府库财
物以募兵，贼势益张。"[2]随后与撒八合兵。海陵王得到消息后，即

[1][2]《金史》卷一百三十三《叛臣传》。

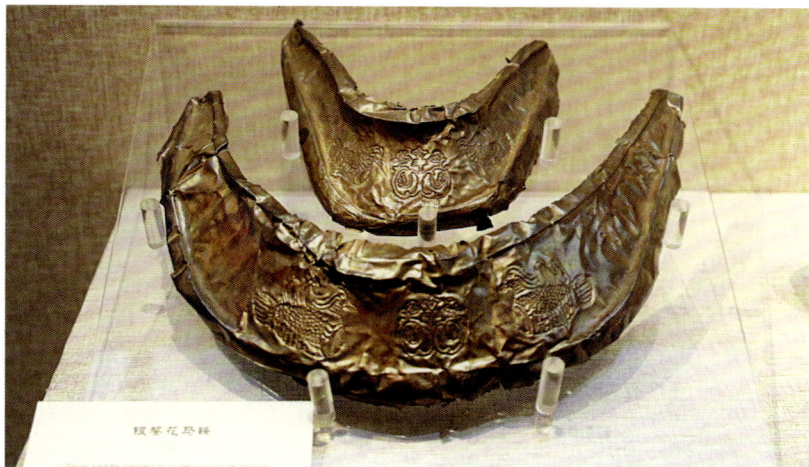

辽代　银錾花马鞍　北京辽金城垣遗址博物馆藏　苟潇 摄影

命仆散师恭（一作仆散思恭，或仆散忽土）、萧怀忠、萧秃剌等人在正隆六年（1161年）五月率军前往征讨，却让撒八逃跑了。海陵王的原意是想让契丹人打契丹人（萧怀忠、萧秃剌皆为契丹人），但是却没有消灭撒八。于是，他怀疑仆散师恭等人与撒八有勾结，下令将仆散师恭、萧怀忠、萧秃剌等人全部杀死。

同年八月，金海陵王又命白彦敬（又作白彦恭）、纥石烈志宁等人继续率领大军平定叛乱。此后不久，撒八即被投靠他的移剌窝斡杀掉，而移剌窝斡继续率领契丹叛乱部众从西北转攻东北，直达临潢府，势力越来越大。"窝斡乃引兵攻临潢府，总管移室懑出城战，兵少被执，贼遂围临潢，众至五万。正隆六年十二月己亥，窝斡遂称帝，改元天正。"而这时的海陵王已经被弑。

通过撒八和窝斡的叛乱即可看出，其一，契丹民众虽然被迫迁移到西北地区生活，但是，在他们的心里大草原上的临潢府（即当年的辽上京）仍然是他们日思夜想的故乡，因此一旦有机会，他们就会重返那里。其二，契丹民众的心中一直还有着一个契丹国，虽然辽朝已经灭亡了，窝斡仍然向往着建立一个新的契丹国，因此他要称帝，要设置自己的年号"天正"。这个愿望虽然在金朝大军的镇压下破灭了，但是，这种矛盾的潜在影响还是没有消除的。

在海陵王大举伐宋之时，后方空虚，遂使得那些反对他的女真贵族们有了可乘之机，起而进行反叛。其中，最具威胁性的，就是留守

辽代 绿釉贴塑鸡冠壶 北京辽金
城垣遗址博物馆藏 荀潇 摄影

金东京的完颜雍（即金世宗）。他与海
陵王完颜亮一样，也是金太祖之孙。其
父完颜宗尧（即完颜宗辅）自太祖、太
宗时多次率大军转战各地，屡克强敌。
史称："性宽恕，好施惠，尚诚实。太
祖征伐四方，诸子皆总戎旅，帝常在帷
幄。"[1]及完颜雍夺得皇位，尊为睿宗，
又尊其母李氏为贞懿皇后。

完颜雍在金熙宗时被封葛王，任兵
部尚书。在金海陵王时，历任会宁牧、
中京及燕京留守、济南尹，又曾任西京
及东京留守。海陵王对他一直就存有戒心，幸而完颜雍的夫人乌林答
氏十分聪慧，为其分忧解难。史称："海陵篡立，深忌宗室。乌带潜
秉德以为意在葛王。秉德诛死，后劝世宗多献珍异以说其心，如故辽
骨睹犀佩刀、吐鹘良玉茶器之类，皆奇宝也。海陵以世宗恭顺畏己，
由是忌刻之心颇解。"[2]

海陵王南伐时，完颜雍正因母丧居家，适逢契丹撒八等人叛乱，
遂出任东京留守，负责镇压叛乱。但是，海陵王一方面在任用完颜
雍，另一方面又对他仍存戒心，派东京副留守高存福监视他的言行举
止，随时报告。这时恰恰完颜雍制造了铠甲数十副，被高存福认为是
有预谋的，"存福宣言，留守何为造甲，密使人以白海陵，遂与推官
李彦隆托为击球，谋不利"[3]。在这种情况下，完颜雍在舅舅李石的
帮助下，除去高存福，即位称帝，定年号为大定元年（1161年）。
这时海陵王正在南伐前线，得知消息后叹曰："我本欲灭宋后改元大
定，岂非天命乎？"[4]此后不久，海陵王即被弑杀。

契丹民众对金朝的仇怨及女真贵族之间的相互残杀，这两股敌对
势力是早在金朝立国之初就开始出现的，而到了金海陵王时逐渐激
化。契丹族民众的反抗是比较容易处理的，双方的敌对界限很分明，
只要用强大的军事力量加以消灭即可。而金朝贵族的反抗却极为复
杂，很难加以区分，因此，当金朝统治者在清除异己的女真贵族时，
一方面，很难明确区分谁是真正的敌人和朋友；另一方面，金朝帝王

[1]《金史》卷十九《世纪补》。
[2]《金史》卷六十四《后妃传》。
[3]《金史》卷六《世宗纪》。
[4]《金史》卷五《海陵纪》。

在清除异己的女真贵族时，也在削弱自己的统治力量，也就是在自相残杀。金熙宗被弑是如此，金海陵王被弑是如此，再往后的金卫绍王被弑也是如此。

二、海陵王的举措

金海陵王在对付各种反抗势力时，手段是十分残酷的，决不留情。但是，在不同的时间、地点，对待不同的对象，他的处理方法也是有所不同的。在他发动南伐之时，最初对于民众的反抗并没有引起足够的重视。如正隆五年（1160年）三月，东海县百姓徐元等人发动叛乱，海陵王"遣都水监徐文、步军指挥使张弘信、同知大兴尹事李惟忠、宿直将军萧阿宬率舟师九百，浮海讨之，命之曰：'朕意不在一邑，将试舟师耳'"[1]。他认为镇压叛乱只是为了测试水军的战斗力而已。

但是，随着叛乱的民众越来越多，海陵王的态度也发生了变化，开始从轻视转变为暴躁。一方面，他加强了镇压的力度："遣护卫普连二十四人，各授甲士五十人，分往山东、河北、河东、中都等路节镇州郡屯驻，捕捉盗贼。以护卫顽犀为定武军节度副使，尚贤为安武军节度副使，蒲甲为昭义军节度副使，皆给银牌，使督责之。"另一方面，他又对向他汇报各地叛乱情况的官员加以杖责："太府监高

金代 木桌椅（王光英捐献） 北京辽金城垣遗址博物馆藏 苟潇 摄影

[1]《金史》卷五《海陵纪》。

卢沟桥 为北京现存最古老的石造联拱桥 始建于金大定二十九年（1189年） 刘海 摄影

银山塔林 位于北京市昌平区东北银山南麓古延寿寺遗址上，有金、元两代砖塔七座
左普 摄影

之。'亮喜，即拜夔为淮南道行营统军，将二万众，历唐、邓以瞰荆、襄，又以金紫光禄大夫平阳府总管张中彦为西蜀道统军，孟州防御使王彦章副之，将五万众据秦凤，以窥巴蜀。"[1]刘夔统率的军队，二十万是号称，二万又太少，当以十万人或十五万人为是。

刘夔率领的这支军队，一路南下，先是攻占了通化军，又进攻樊城，经过激战杀死宋守军数百人。在得知金海陵王被害之后回师，又攻占汝州，"先是，京西制置使吴拱遣训练官牛宏等率忠义人据汝州，会统军刘夔自邓州北归，宏等邀之于七里河，敌兵盛，忠义人皆无甲，遂败走。敌围之五日，及城破，杀戮殆尽"[2]。然后回师，归降金世宗。

金朝南伐的西路军因为远离江淮主战场，故而战斗最为平缓。不论是徒单合喜，还是张中彦，都没有担任南伐的重要任务，只是让他们攻取大散关，然后根据海陵王的南伐需求，再布置其他任务。但

[1]《建炎以来系年要录》卷一百九十一。
[2]《建炎以来系年要录》卷一百九十五。

[1]《建炎以来朝野杂记》卷十一甲集《官制二》。
[2]《三朝北盟会编》卷二百四十一引《虞尚书采石毙亮记》。

是，还没等到海陵王的新命令，就得到海陵王被弑、金世宗登上皇位的消息，他们也就主动归顺了金世宗。

二、宋军的顽强抵抗及战争的僵持

对于金朝军队的大举南伐，南宋军队进行了顽强的抵抗，给了金朝军队沉重的打击。宋高宗自南渡之后，率领宋朝军队在与金朝的争战中锻炼出了一批较为杰出的将领，并且给了他们一些军权。时人称："绍兴五年，以岳鹏举为湖北襄阳招讨使。鹏举请：州县官不法害民者，许移罢。从之。十年，兀术掠三京，以韩、张、岳三帅兼河南北招讨使。三十一年，海陵南牧，以吴璘、刘锜、成闵、吴拱、李显忠兼陕西、河东、北京东西招讨使。盖遥领其地，非张、岳之比也。"[1]文中的岳鹏举即岳飞，韩指韩世忠，张指张浚，他们与后来的刘锜、吴拱、李显忠等人，皆为抗金名将。他们在与金军的征战中互有胜负。

宋高宗在得知金海陵王大举来犯之后，即调动南宋军队分头加以迎击。时人称："绍兴三十一年，完颜亮渝盟入塞，进兵江淮。遣诸酋分道入寇：一军遵江道以趋两浙，一军出宿亳以蹂淮西，一军历唐邓以瞰荆襄，一军据秦凤以伺梁蜀。朝廷命诸将分屯捍御：吴璘驻兴州，姚仲驻汉中，王彦驻安康，吴拱驻襄阳，李道驻江陵，田师中驻武昌，戚方驻浔阳，李显忠驻池阳，王权驻建康，刘锜驻镇江，成闵驻晋阳，李宝守海道。"[2]

其中，最先击败金军的是率领水军的李宝。正隆六年（1161年）十月，完颜郑家率领的金朝水师在胶西县海边陈家岛（一说唐家岛）停泊，遂与李宝所率南宋水师相遇。据《金史·完颜郑家传》称，这次战斗是因为完颜郑家没有海战的经验，而被南宋水师打败，他自己也投水身亡。但是据南宋人的记载，双方的战斗还是比较激烈的。这是金朝和南宋的水师第一次正面交锋，而南宋水师获得大胜，全歼了金朝水师的主力。

南宋人称，一开始，南宋水师对金朝水师是有畏惧心理的，觉得敌众我寡，想要逃避。但是水师将领曹洋请决一死

岳飞（1103—1142年）

《中兴四将图》（局部）　南宋刘松年绘，绘南宋四将刘光世、韩世忠、张浚、岳飞全身立像。
宋高宗重建宋王朝及南宋初年宋军抵御金军入侵这段历史称为一次"中兴"

战，于是向金朝水师发动进攻。"敌帆皆以油缬为之，舒张如锦绣，
绵亘数里。忽为波涛卷聚一隅，窘蹙摇兀，无复行次。会火头船中有
火起者，宝命以火箭射之，着其油帆，烟焰随发，延烧数百。火不及
者，犹欲前拒，宝命勇士跃登其舟，以短兵击刺，殪之。舟中其余
签军，皆中原旧民，脱甲而降者三千余人。获其副都统骠骑上将军益
都府总管完颜郑嘉努等五人，斩之。"[1]文中的"完颜郑嘉努"即是
《金史》中的完颜郑家，按照南宋人的记载，完颜郑家是被俘虏后斩
杀的。

　　在其他战场上，南宋军队与金朝军队则是互有胜负。如在扬州抵
抗金军的南宋将领刘锜，就曾命部下与金军在皂角林展开激战。时人
称："镇江府左军统领员锜及金人战于扬州皂角林，败之。初，金人
既得扬州，即遣兵逐刘锜，与官军遇，至是，大军来争瓜洲渡。锜命
统制官贾和仲、吴超等拒之于皂角林。锜陷重围，下马死战数十合，
中军第四将王佐以步卒百有四人往林中设伏，金既入，张弩俄发，金
以运河岸狭，非骑兵之利，稍引去，遂大败之。斩统军高景山，俘数
百人。"[2]文中的"官军"即指南宋军队。

　　又如，主持攻伐襄、汉一带的金军中路军队，在将领刘萼的率领
下进至樊城，并在这里遭到了南宋军队的顽强抵抗。时人称："自讲
好后，樊城不修筑，多缺坏。副将翟贵部将王进时以兵二百戍焉，统

[1][2]《建炎以来系年要录》
卷一百九十三。

制官张顺通以百骑巡逻，与敌遇，击之，会系浮桥未成，敌不得济。二将引兵出战，拱登城，渐出兵御之，敌少却。金人三却，至竹林下，铁骑突出，官兵遂败。拱以四舟渡师助之，阻风不至，二将俱死，士卒半掩入江中。"[1]正是南宋将士数百人的拼死抵抗及牺牲，迫使刘萼不得不退兵北归。

再如，主持进攻关陕一带的金军西路军队，也遭到了南宋军队的顽强抵抗。在西北一带的南宋军队是比较骁勇善战的，往往能够给金朝军队以较为沉重的打击。这时主持宋军事务的主要是吴玠、吴璘兄弟，皆为一时名将。史称："璘刚勇，喜大节，略苛细，读史晓大义。代兄为将，守蜀余二十年，隐然为方面之重，威名亚于玠。"史又称："吴玠与弟璘智勇忠实，勠力协心，据险抗敌，卒保全蜀，以功名终，盛哉！"[2]因此，在西北一带的金军与南宋军队激战多年，互有胜负，大致处于相持状态。

金海陵王的伐宋战争，最主要的战场就在江淮一带主战场的较量，其胜负决定着整个战争的结局。其他各路的较量，对整个结局是没有重要影响的。海陵王作为金朝的帝王，御驾亲征，又是金朝主力军的最高统帅，他的决策，乃至一言一行，皆对整个局势的发展产生巨大影响。他如果能够正确判断局势，善于指挥大部队作战，即使不能攻灭南宋，获取军事上的胜利应该还是有较大把握的。但是，他既没有指挥大部队作战的能力，又没有正确判断局势，最终只能是以失败而告终。

第二节　金军南伐受挫及海陵王被弑

金海陵王在南伐进程中，会遇到各种各样的困难，其中，最大的困难就是要解决如何渡过长江天险的问题。当完颜郑家率领的金朝水师被消灭之后，这个困难就变得更加严重了。对于如何解决这个问题，我们没有看到海陵王采取任何有效的措施，这也是导致他最后失败的一个主要原因。避敌之长，攻敌之短，应该是军事家很容易采取的举措。

就海陵王而言，只有渡过长江，才能够完成攻灭南宋的大计。而

[1]《建炎以来系年要录》卷一百九十三。
[2]《宋史》卷三百六十六《吴璘传》。

要渡过长江，就要解决打破南宋江防的问题。其一，是在金朝水师主力被消灭之后，再组织一支可以和南宋水师相互对抗的金朝水师，这在当时是肯定无法完成的任务。其二，是在千里长江沿线寻找一些南宋水师防御的空当处，或者是防御疏漏之处，然后突击过江。这项工作是可以尝试的。但是，海陵王也没有做。

海陵王所做出的是一个极为愚蠢的选择。他在占有明显优势的南宋水师面前，却强迫命令金朝的军队发动强攻，这就是让自己的部下去送死。更为愚蠢的是，他还下了限期渡江的死命令，这个命令如果不能完成，后果是非常可怕的，也就是把他自己的部下逼上了绝路。摆在部下面前的选择是两种，而结果只有一种，或者强行渡江被南宋水师杀死，或者渡江失败被海陵王杀死。面对这样的结果，人们只有一种选择，就是杀死海陵王，这也是海陵王大举南伐的最终结果。

一、南宋水军的优势

在中国古代，人们讲到决定战争胜负的三个重要因素是：天时、地利、人和，并且有"天时不如地利，地利不如人和"的说法。在金海陵王南伐的进程中，就这三个重要因素而言，他一个都没有，而他所要攻灭的南宋王朝却至少占有地利、人和这两个方面的重要因素。这两个重要的因素在当时的条件下不是可以轻易改变的，而是客观形成和长期积累的。

就地利因素而言，长江天险在军事上的重要价值已经多次被历史发展进程所证明。如金海陵王准备攻伐南宋之时，大臣萧玉认为不可，就是指出的这个重要因素。海陵王说："'朕今欲伐江南，卿以为何如？'玉对曰：'不可。'海陵曰：'朕视宋国犹掌握间耳，何为不可。'玉曰：'天以长江限南北，舟楫非我所长。苻坚百万伐晋，不能以一骑渡，以是知其不可。'海陵怒，叱之使出。"[1]萧玉认为，前秦苻坚的失败，就是不能克服长江天险的阻碍。这个历史教训，海陵王并没有汲取，或者说是他忽略了这个重要的致命因素，才导致了最后南伐的失败。对于金朝军队而言是险阻的东西，对于南宋军队而言就是天然的优势。

与长江天险这个很难克服的阻碍结合在一起的，则是南宋水师的

[1]《金史》卷七十六《萧玉传》。

金、宋双方主力在长江上面的第一次大决战，发生在和州的采石矶。图为安徽省马鞍山市采石矶风景区　　视觉中国　供图

强大，这两个因素结合在一起，使得长江变成了金朝军队基本上不可能逾越的障碍。北人擅骑马，南人擅驶船，这也是和地理环境密切相关的因素，由此而造成的，是北方军队有骁勇的骑兵，而南方军队有强大的水师，这种状况也是长期形成的，在短期很难改变。

金海陵王在南伐之前，组织了一支看似强大的水师，从北方招募了三万人的水师，又打造了数千只战船，从规模上而言，是很庞大了，但是，从真实的战斗力而言，却是非常差的。当时的南宋人称："北军畏怯，无复昔时轻锐果敢之气，且宿将已尽。今之所用者，惟归朝人马，又鞍马亦不多，其所括水军皆灌园、种稻、取鱼之人，实不识江海水性。"[1]文中的"北军"即是指金朝军队，而这些由"灌园、种稻、取鱼之人"组成的金朝水师，显然是没有战斗力的。

金朝水师的战船主要是在金中都东面的通州打造的，被称为"通州样"，这种战船并不适合水面上的战斗。当时有被金朝征调为水手的百姓逃到南宋后，报告金朝水师的情况："谓舟船虽大且多，然皆

[1]《建炎以来系年要录》卷一百九十二。

松木平底，不可涉洋。水军虽多，悉签乡夫，朝夕逃遁。一有警急，必致溃散。"[1]这种用松木打造的平底战船，样子虽然大，却不能在宽阔的水面上行驶，更不可能用来激战。

与之相比，南宋的水师就完全不一样了。早在宋朝南渡之后，大臣李纲就曾经提出加强水师建设的奏折称："生于陵者安于陵，生于水者安于水。南方之人习水而善没，其操舟若神；而北人有惧舟楫而不敢登者。水战之利，正南人所宜。应沿河淮江帅府要郡，宜令造战船、募水军，凡习水而能操舟者，皆籍记姓名，使平时许其自便，有故则纠集而用之。逐时教阅，量行激赏，必得其力。"[2]李纲的建议随即得到了宋高宗的支持。

又有大臣王缙上疏称："舟师实吴越之长技，将帅之选既慎矣，而舟船数百，多阁海岸，士卒逾万，未闻训习。欲乞明诏将帅，相视舟船损漏者修之，士卒疲弱者汰之，船不必多，取可乘以战斗；人不必众，取可资以胜敌。分部教习，周而复始，出入风涛，如履平地，则长技可施，威声远震，折冲千里之外矣。"[3]他的奏疏也得到了宋高宗的认可。因此，这时虽然宋、金之间并没有战争发生，而南宋水师的训练也没有放松。

当金海陵王南伐之时，南宋的水师已经是训练有素、战斗力很强

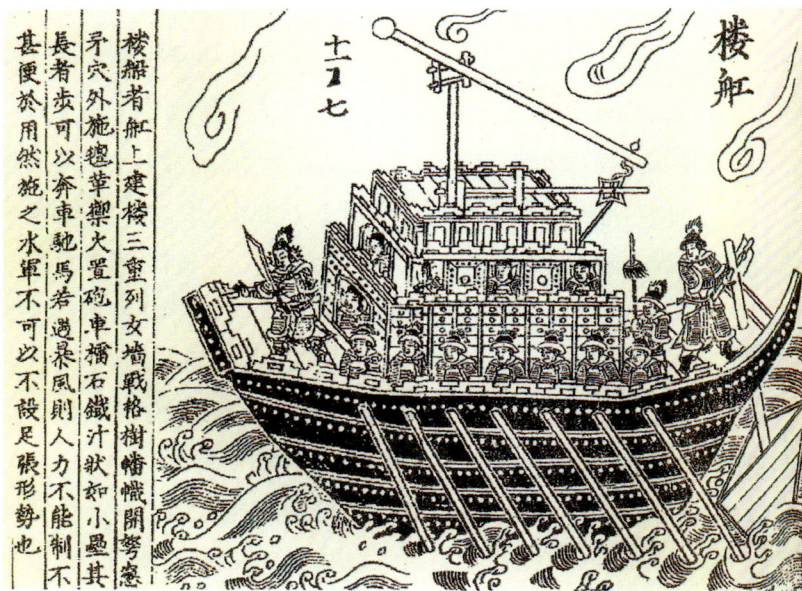

宋代兵器 楼船

[1]《建炎以来系年要录》卷一百九十二。
[2]《三朝北盟会编》卷一百一十二。
[3]《建炎以来系年要录》卷一百一。

的一支军队。面对金军的大举南伐，已经在长江和州段严阵以待，时人称："淮东刘两府锜拥兵淮楚，舍人虞允文催督张振将建康龙湾采石军船分布上下流，张振差戴皋提举诸处人船，王宗海鳅二百只、周荣狮子船一百只策应。采石范汴战船五十只，在采石河口，对母山杨林口、薛家湾、耿卞、张渊将艨艟船三百只，对石婆嘴三山基。时俊战船五十只屯于沙洲慈乌基，马家渡杨选战船三十只，对旷口马家渡，张永战船五十只，策应薛家湾慈乌基。王宗水军、金成水军、张振、王琪、虞允文催督措置，防守江岸。"[1]南宋水师集中了各类战船近八百只，随时准备打击渡江的金军。

虽然南宋水师的战斗力远远超过了金朝军队，但是当时的大多数水师士兵却没有昂扬的斗志，面对耀武扬威的金朝军队产生了畏惧的心理。时人称：南宋水师"车船咸在，而诸将故等夷，未有统属，莫肯用命，尽伏山崦"。在这时，南宋大臣虞允文发挥了重要作用，他对众水师将士称："国家縻禄廪、竭民之膏脂，以养尔辈。今事势危急，此正壮士立功报国，以取富贵之秋。而乃甘心跧伏山崦，以延须臾之命，又安能必保其腰领乎？若奋身前斗，万有一胜，生则取封爵，死则有褒赠，尔辈熟计之。"[2]在虞允文的激励下，南宋水师的士兵斗志有了极大提高，皆愿意为报国死战，从而进一步提高了南宋水师的战斗力，使其优势更加明显。

二、金军攻势受挫

金朝军队在渡过淮河以后，虽然受到南宋军队的顽强抵抗，却始终没有遇到挫折，一路挺进到长江北岸，与南宋水师隔江对峙。金朝军队要想过江，就必须在长江上面战胜南宋水师。在这个问题上，金海陵王忽视了南宋水师的战斗力，认为自己会很容易就渡过长江去。但是，在经过一番较量之后，海陵王的愿望落空了，南宋水师给了他一个沉痛的教训。

这次战斗，应该是金、宋双方主力在长江上面的第一次大决战，地点是在和州的采石矶。正隆六年（1161年）十一月八日，海陵王在江边临时筑的台上亲自指挥渡江战役。时人称："虏主登坛，手执小黄旗，招使入船，敕下，如先得岸者，建康金银给支一万。千户

[1]《三朝北盟会编》卷二百四十三。
[2]《建炎以来系年要录》卷一百九十四。

登舟济江，虏主台上用黄旗一刺，千余只战船摆为一字，直趋东岸而进。"[1]文中"虏主"即指海陵王。文中"千户"应该指的是金军主持渡江战役的将领完颜阿邻。

宋代突火枪

金军的出击，遭到南宋军的强力反击。时人称："张振登山，见贼船指东采石岸进，用诸军号带旗指使诸军战船及艨艟斗舰、海鳅等船出岸，两势包掩，鼓声震天，飞箭如雨，旌旗盈江，喊声如雷。两势掩击，战士奋勇，争先鏖战，艨艟战舰江上逆水如飞，虏船低小，尽没于江。活捉番贼不知其数，跳水死者千余人。虏船一千余只走西岸，诸军踏车船赶杀。"[2]据此描述，应该是经过一番激战，金军惨遭失败，损失严重。

翌日，金军准备再次渡江，却又遭到南宋水师的攻击："次日，复来。方播鼓，装船欲进，见水军战船尽出，遂不敢前。我以海鳅船五十余只，先往北岸截断杨林渡口，用克敌弓齐射，敌弃船上岸，悉陷泥中不能动，坐受箭而毙。金度势不可进，遂自取御寨舟船，悉焚毁而去。余舟为我师所爇，皆尽。"[3]经过这次交锋，金军已无还手之力，战船尽毁。

但是据《金史》记载的完颜阿邻南伐及进程，则称："海陵南伐，以为神勇、武平等军都总管，由寿州道渡淮，与劝农使移剌元宜合兵三万为先锋。是岁十月，至庐州，与宋将王权军十余万战于柘皋镇，渭子桥，败之。至和州南，复与王权军八万余会战，又败之，追杀至江上，斩首数千级。"[4]完颜阿邻从海陵王南伐开始，就是金军的主力先锋，从以上描述来看，金军与南宋水师的交手应该是互有胜负。

时人又称："初，亮问：'顷年乌珠何以渡江？'或答曰：'乌珠自马家渡渡江，江之南虽有兵，望见我军即奔走。船既着岸，江岸已无一人一骑。'亮曰：'吾渡江亦犹是矣。'及杨林口出舟，当涂之民在采石上下登山以观者数十里不断，不啻数十万人。亮隔江望之曰：'吾放舟出江，而山上人皆乐观之。'既而连亘数里，驻足不动，遂成江南壁立万仞之势。岂人力能使之然哉，盖天实为之

[1][2]《三朝北盟会编》卷二百四十三引《炀王江上录》。
[3]《三朝北盟会编》卷二百四十三引《虞尚书采石毙亮记》。
[4]《金史》卷七十三《完颜阿邻传》

也！"[1]文中"乌珠"即指完颜宗弼。海陵王以为这次南伐像完颜宗弼追宋高宗赵构逃入海中一样的顺利，但是，他却没想到南宋的情况已经发生了很大变化，江南民众抗击金军的斗志十分高昂，因此给了他沉重打击。

海陵王在采石矶遇到重大挫折之后，并没有回师以讨伐自立为帝的完颜雍，而是一方面继续向东进发，攻到了扬州；另一方面，则是派遣军使前往东海，招完颜郑家的金朝水师主力前来。但是，他却不知道，这支金朝水师主力已经在东海被李宝率领的南宋水师消灭了。

同年十一月十六日，海陵王攻至扬州，并在扬州东门外设置了御寨，作为继续渡江作战的指挥部。二十二日，他来到江边观察敌情，却见到了他最不愿意见到的情境。南宋大臣虞允文"以敌骑瞰江，恐车船临期不堪驾用，乃与淮东总领朱夏卿、镇江守臣赵公偁相与临江搜试，命战士踏车船径趋瓜洲，将迫岸，复回。敌兵皆持满以待。其船中流上下三周金山，回转如飞，敌众骇愕。亟遣人报亮，亮至，见之笑曰：'此纸船耳'"[2]。他的"纸船"之说只是想要减轻金军将士的恐惧心理，却无法达到想要的结果。这时的金军将士对南宋水师已经丧失了斗志。

十一月二十六日，海陵王又得到消息，完颜郑家率领的金朝水师全军覆没，于是大怒，下令，从明天开始强行渡江。他"召诸将约，三日毕济，过期尽杀之"。金军将领在刚刚遭到采石矶的大败之后，心理阴影还很沉重，并无斗志。而海陵王的这道命令，不仅不能提高金朝军队的战斗力，反而逼迫他们采取极端的自卫手段，导致自己被弑。

三、海陵王被害

海陵王自从夺得皇权之后，采取了一系列的重大举措，例如迁都燕京、建造皇陵，再迁都汴京等，皆一帆风顺。虽然受到一些阻力，却很快就被他克服了。因此而使他在不知不觉间养成了一种骄横的作风，凡是反对他的主张者，不论是谁，一律铲除。这种做法，在海陵王处理内部事务时，尚可通行，但是在面对外部事务时，就不一定可行。这次大规模的南伐行动，在遇到南宋水师的顽强抵抗之下，出现

[1]《建炎以来系年要录》卷一百九十四引《赵甡之遗史》。
[2]《建炎以来系年要录》卷一百九十四。

了他无法掌握的局面，在这种情况下，他仍然采用骄横的作风，就会带来十分严重的后果。

海陵王在采石矶渡江时，遇到南宋水师的痛击，损失惨重。由于他骄横的处理办法，不仅没能解决问题，反而进一步加重了损失。时人描述称："亮将发战船渡江也，恃其兵众，意欲径趋而渡，故所用舟船乃山东平底、前后轩昂，运载粮船也。一舟济五十余人，以为大江如平常运河，棹渡不难。遂于船左右插棹数支，飞棹奔突。不知江流与运河之水缓猛之势绝异。又亮迫以酷刑，战士尽死不回，而我军战船皆艨艟巨舰，士卒用命，遇敌贼船即冲撞中折，全舟沉没者十六七。续后继来者，见前敌溺死无余，皆反身回棹归岸。逆亮怒其复回，悉敲杀之。由是金贼丧气，兵威大沮。"[1]海陵王这种蛮横残忍的做法，把金朝将士逼上了绝路，其后果是十分严重的。

在来到扬州的瓜洲渡之后，海陵王并没有改变这种骄横的做法，也没有意识到由于这种骄横的做法而带来的巨大危害正在逼近自己。例如他在到达瓜洲渡的时候，观看了对面南宋水师的操练之后，召集众将前来商议渡江之策："一将前跪曰：'南军有备，不可轻。且采石渡方此甚狭，而我军犹不利。愿驻于扬州，力农训兵，徐图进取。'亮震怒，拔剑数其罪，命斩之。哀谢良久，乃杖半百而释之。"[2]其实这位金朝将领的意见是有道理的，但是却被海陵王拒绝了。不仅拒绝了，还要杀掉这位将领，遂使他与部下诸多将领的矛盾更加激化，最终被害。

金海陵王被害的过程，在《金史》中的记载较为简略。史称："甲午，会舟师于瓜洲渡，期以明日渡江。乙未，浙西兵马都统制完颜元宜等军反，帝遇弑，崩，年四十。"[3]据此可知，主持弑杀海陵王的，是大将完颜元宜。完颜元宜是契丹人，原姓耶律氏，因父辈有功，被赐姓完颜氏。此前许多女真贵族皆认为海陵王重用契丹人而不用女真人是一大弊病，却没有引起海陵王的警惕，最终自食恶果。

《金史》中又称：完颜元宜在伐宋战争中还是有功劳的，"前锋渡淮，拔昭关，遇宋兵万余于柘皋，力战却之。至和州，宋兵十万来拒，元宜麾军力战，抵暮而罢。宋人乘夜袭营，元宜击走之，黎明追及宋兵，斩首数万，以功迁银青光禄大夫。海陵增置浙西道都统制，

[1]《三朝北盟会编》卷二百三十九引《金人败盟记》。
[2]《建炎以来系年要录》卷一百九十四。
[3]《金史》卷五《海陵纪》。

使元宜领之，督诸军渡江，佩金牌，赐衣一袭"。由此可见，海陵王对他是十分信任的。

　　但是，这时完颜雍（即金世宗）在辽阳自立为帝的消息传来，许多将领都想退军回去投靠金世宗，并且都来征求完颜元宜的意见。于是，完颜元宜决定杀掉海陵王，退兵北归。"十月乙未黎明，元宜、王祥与武胜军都总管徒单守素、猛安唐括乌野、谋克斡卢保、娄薛、温都长寿等率众犯御营。海陵闻乱，以为宋兵奄至，揽衣遽起，箭入帐中，取视之，愕然曰：'乃我兵也。'大庆山曰：'事急矣，当出避之。'海陵曰：'走将安往。'方取弓，已中箭仆地。延安少尹纳合斡鲁补先刃之，手足犹动，遂缢杀之。"[1]文中的"十月乙未"当为十一月乙未，即十一月二十七日。

　　更多的文献记载来自南宋方面。其中一种说法与《金史》不同。时人称："亮以内乱所扰，知军意之二三：战船之不至、大江之不可渡，或有鸡肋之意，然未形于牙齿间。又恐贻笑万世，遂筑渡江台于江之北岸，欲渡万人于大江之南，然后作还军计。是日，宣威胜军万户耶律劝农，语曰：'尔所将军兵，俟来日朕欲自较其部族，苟失其数，当从军法。'耶律自度所统军已不及半，惧亮之必诛，与子寝殿宿直将军母里哥谋，母里哥以计弑亮，上下皆从之。明日，乘亮未起，军突于帐前，集箭射之。亮疑本朝掩袭，令取箭视之，愕然曰：'军变矣。'披衣而前，已为谋客当鹘杀射，亮仆地，众执而缢之。"[2]文中的耶律劝农，当即《金史》中的完颜元宜，其子耶律母里哥，当即《金史》中的完颜王祥。

　　海陵王被弑之后，他身边的亲信也都被叛乱的金朝将领杀死。完颜元宜又派特使回到汴京，将海陵王的儿子，也就是皇太子完颜光英也杀死了。海陵王想要一统天下的宏伟计划变为泡影，他自己的人生经历也就此画上了一个悲惨的句号。此后，金世宗对他百般诋毁、贬抑，但是，他在位时所推行的一些重大举措，则仍然被金世宗所沿用。也就是说，海陵王的所作所为，有些是起到了推动历史发展的作用。

[1]《金史》卷一百三十二《完颜元宜传》。
[2]《三朝北盟会编》卷二百四十二引《张棣正隆事迹记》。

第九章 盖棺论定

金海陵王的死，与金世宗在辽阳称帝有着直接的关系。当海陵王在江淮一线与南宋军队展开殊死搏斗的时候，金世宗的称帝，无疑是在海陵王的胸口插了一刀，从而直接导致了南伐军队将领们的叛乱，使得海陵王被弑。如果没有金世宗的称帝，这些南伐的将领们也就可能不会发生叛乱，金、宋之间的争斗也可能会出现完全不同的结局。

金世宗称帝后，金朝的历史出现了一个较大改变。一方面，金、宋之间的战争很快就结束了。由于南伐的主体金海陵王被消灭，宋朝并没有发动攻灭金朝的战争，于是，仍然维持了金、宋对峙的南北分裂局面；另一方面，金世宗吸取了海陵王所作所为的经验教训，消除了海陵王南伐所造成的诸多社会矛盾，使金政权趋于稳定，经济发展、文化繁荣达到了一个新的高度。金世宗因实施这些举措而被当时及后世称为"小尧舜"，认为是金朝的"中兴"之主。

金海陵王死后，结局十分悲惨。一方面受到了金世宗的一系列诋毁，被从帝王的位置上贬抑为宗王，再从宗王的位置贬抑为庶人（即普通百姓），使他变成了恶人、罪人，就连普通人都不如；另一方面，金世宗对海陵王的这种评价对后世影响极大，使许多人皆认为海陵王是个十恶不赦的暴君。自古以来，绝大多数被弑之帝王都没有留下"美名"，这不仅有客观因素，也有主观因素。

要想对金海陵王做出正确评价，一方面，要对当时的历史事实进行更加细致、深入的研究，从而对他在历史进程中所起到的作用给予准确的认定；另一方面，则要对金朝及金朝以后对海陵王的各种评价加以分析，以当代史学评价体系，来对海陵王的所作所为用新标准来加以衡量，从而做出新的、更加客观的评价。对于一位敢作敢为的古代帝王，仅用"英主"或是"暴君"的结论来加以概括，显然是不科学、不全面的。

第一节　金世宗时对海陵王的评价

金世宗与海陵王一样，都是金太祖的庶出之孙，如果用中国古代"嫡长子继承皇位"的正统标准来衡量，他们都没有资格继承皇位，因此，他们的皇位都是夺来的。海陵王是靠参与金上京的宫廷政变而被推上皇位的，而金世宗则是在海陵王南伐之时乘机夺得皇权。在他们两人之间，从政治关系而言，是没有谁对谁错的是非之分的。

但是，一方面，金世宗是从海陵王手中夺来的皇权，并且因为夺权而导致了海陵王被弑，实际上也就是一场没有在宫廷发生的"宫廷政变"，从而使得两人的关系就变成了仇人的关系。另一方面，金海陵王曾经想借金世宗的夫人乌林答氏之手来陷害金世宗，没有得逞，却给金世宗带来了"夺妻之恨"，这个仇恨被古人称为"不共戴天"之恨。因此，他们两人在很早以前就已经是誓不两立的仇人，而金世宗的夺权，既是自保，也是复仇。

正是因为有了这两层关系，金世宗对海陵王的仇恨是刻骨铭心的，他在处理海陵王后事时也必然会采取尽量贬抑的态度。一直到许多年以后，金世宗仍然把海陵王作为一个贬抑对象，或者说是反面教材来加以批判，这是可以理解的，却不是公正客观的评价。此外，因为金世宗的许多举措是受到后世好评的，故而就连他对海陵王的贬抑

金代　龙纹栏板（局部）　北京辽金城垣博物馆藏　荀潇　摄影

于是在金世宗贬抑海陵王及完颜宗干时，他也受到牵连。史称："以宗干有社稷功，诏追封为辽主，其子孙及诸女皆降，贞妻降永平县主，贞自仪同三司降特进，夺猛安，不称驸马都尉。"此后不久，金世宗还是对他下了毒手："诏诛贞及其妻与二子慎思、十六，而宥其诸孙。"[1]金世宗之所以对徒单贞采取杀其妻、子而宽宥其诸孙的措施，并不是因为金世宗很仁慈，而是因为金章宗完颜璟正是徒单贞的外孙。故而当金章宗即位后，下令："尊母皇太子妃为皇太后，追封贞为太尉梁国公，贞祖抄司空鲁国公，父婆卢火司徒齐国公，贞妻梁国夫人，子陀补火、慎思、十六俱为镇国上将军。"[2]把被金世宗杀掉的这些亲戚又都恢复了名誉。

二、对海陵王的贬抑

金世宗在严酷处理海陵王后事的同时，一直没有停止对他的贬抑。金世宗对海陵王的第一次指斥，是在海陵王还没有被弑的时候。当时金世宗自立为帝，把指斥海陵王的罪恶作为他夺取皇位的一个重要理由。史称：金世宗"改元大定，大赦。数海陵过恶：弑皇太后徒单氏，弑太宗及宗翰、宗弼子孙及宗本诸王，毁上京宫室，杀辽豫王、宋天水郡王、郡公子孙等数十事"[3]。这些事情，确实皆是海陵王在执政过程中犯下的罪过，而他公布海陵王罪恶的举措也确实对他夺得皇位、争取民心起到了重要作用。

金世宗对海陵王的贬抑，主要集中在治理国家的大事方面。例如，一次金世宗在与皇太子谈论帝王得失时称："天下大器归于有德。海陵失道，朕乃得之。但务修德，余何足虑。"[4]认为皇位的得失与帝王个人的修养有直接关系。但是，恰恰金朝帝王的得失，与个人修养的关系并不密切，而是与政治体制的不健全有直接关系。

史称："金九主，遇弑者三，其逆谋者十人。熙宗之弑，惟大兴国一人，世宗声其罪而磔之思陵之侧。徒单贞虽诛。未闻暴其罪状，后以戚畹又复赠官追封。余秉德、唐括辩等六人，皆以他罪诛，海陵之弑，其首恶为完颜元宜，则令终焉。卫绍王之弑曰胡沙虎，不死于司败之诛，而死于高琪之手。"[5]在金朝的皇位争夺中，海陵王即是弑人者，又是被弑者，而金世宗自己就是一个间接弑人者。他是夺得

[1][2][5]《金史》卷一百三十二《逆臣传》。
[3]《金史》卷五《海陵纪》。
[4]《金史》卷七《世宗纪》。

[1]《金史》卷六《世宗纪》。
[2][3]《金史》卷七《世宗纪》。
[4]《金史》卷八十九《移剌子敬传》。

皇权者，而不是继承皇权者。如果没有他的夺权，海陵王也不一定会被弑。

又如，金世宗几次指斥海陵王用人不当。一次，他对大臣说："海陵不辨人才优劣，惟徇己欲，多所升擢。朕即位以来，以此为戒，止取实才用之。近闻蠡州同知移剌延寿在官污滥，询其出身，乃正隆时鹰房子。如鹰房、厨人之类，可典城牧民耶？自今如此局分，不得授以临民职任。"[1]金世宗又曾说："海陵时，领省秉德、左丞相言皆有能名，然为政不务远图，止以苛刻为事。言及可喜等在会宁时，一月之间，杖而杀之者二十人，罪皆不至于死，于理可乎？海陵为人如虎，此辈尚欲以术数要之，以至卖直取死，得为能乎？"[2]在帝王掌管国家大政时，能否任用贤能确实是一件非常重要的事情，但是，从中央到地方的官员何止千百人，海陵王任用的大臣中既有奸臣，也有贤臣，同样可以举出许多事例。

再如，金世宗对于女真的风俗是十分重视的，而对于这些风俗与汉俗风俗的相互融合是有不满的，并认为这种融合的进程是海陵王造成的。一次，他对大臣说："会宁乃国家兴王之地，自海陵迁都永安，女直人浸忘旧风。朕时尝见女直风俗，迄今不忘。今之燕饮音乐，皆习汉风，盖以备礼也，非朕心所好。东宫不知女直风俗，第以朕故，犹尚存之。恐异时一变此风，非长久之计。"[3]文中的"迁都永安"就是指海陵王迁都燕京。又一次他对大臣说："亡辽不忘旧俗，朕以为是。海陵习学汉人风俗，是忘本也。若依国家旧风，四境可以无虞，此长久之计也。"[4]民族融合是历史发展的大趋势。不论是辽朝的契丹族民众，还是金朝的女真民众，都在漫长的岁月中融入汉族等其他民族，海陵王迁都的举措只是促进了这种民族融合的速度。

此外，金世宗还曾指责海陵王有歪曲历史的弊病。他对大臣说："海陵时，修

《骷髅幻戏图》　南宋李嵩绘，故宫博物院藏　FOTOE 供图

起居注不任直臣，故所书多不实。可访求得实，详而录之。"[1]他又曾对大臣说："海陵时，记注皆不完。人君善恶，为万世劝诫，记注遗逸，后世何观？其令史官旁求书之。"[2]金世宗在此指责海陵王，是有他自己的想法的，是他自己想要篡改历史，因为他在组织人编写海陵王的《实录》。

金朝末年的文臣曾指出："然我闻海陵被弑而世宗立，大定三十年，禁近能暴海陵蛰恶者，辄得美仕，故当时史官修实录多所附会。"对于这种情况，史称："海陵之事，君子不无憾焉。夫正隆之为恶，暴其大者斯亦足矣。中绾之丑，史不绝书，诚如益谦所言，则史亦可为取富贵之道乎？嘻，其甚矣。"[3]显然，金世宗因为与海陵王有着深仇大恨，要想让他客观地看待海陵王是不可能的，但是如果假借修史而歪曲政敌的言行，则是一种非常不道德的行为，金世宗正是这样做的。

第二节　后世对海陵王的评价

在中国古代历史上，几乎所有残暴、亡国和被弑之君王，都不会留下好名声。其中，尤以秦始皇、隋炀帝及金海陵炀王最具典型性。秦始皇因为统一六国、创行郡县制、修筑万里长城、规范文字及度量衡制度而在历史上还占有一席之地；而隋炀帝则因为开凿大运河，也对中国古代历史发展起到了一定的促进作用；那么，海陵王又给历史留下了什么呢？与秦始皇和隋炀帝相比，在大多人的印象中，他更是"暴君"的典型代表。

在金朝灭亡之后，历代史学家们就一直在用自己的观点来对这段历史进行研究，并力求做出较为公正、客观的评价。在几百年的元明清古代社会中，人们都把海陵王作为一个反面人物加以批判。到了近现代乃至当代，大多数人仍然沿袭着古人的评价标准和评价结论，当然也就是基本否定的结果。但是，到了21世纪的今天，人们的观念已经有了很大变化，对历史人物的评价标准也发生了很大变化，因此，对海陵王这个历史人物也应该得出完全不同的结论。

[1]《金史》卷六《世宗纪》。
[2]《金史》卷八十八《纥石烈良弼传》。
[3]《金史》卷一百〇六《贾益谦传》。

[1]《国朝文类》卷四十五《杂著》
载修端《辩辽宋金正统》。
[2]《归潜志》卷一。

一、贬大于褒

对金海陵王的贬斥是从金世宗时开始的，但是，却没有在金世宗时结束。此后的历代政治家、史官及文臣，皆曾对海陵王加以评价。如金世宗死后，金章宗即位，他对海陵王的看法就比较客观。后人称：他"尝诏百官议曰：'朕闻海陵有言，我国家虽受四方朝贡，宋犹假息江左，亦天下两家邪？故有亲征之行。去岁宋人兵起无名，摇荡我边鄙，今已败衄，哀恳告和。朕思海陵之言，宜如何尔？'时臣下有希意者进曰：'向者靖康间，宋祚已衰，其游魂余魄今虽据江左，正犹昭烈之在蜀，不能绍汉氏之遗统明矣'"[1]。由此可见，金章宗对海陵王南伐的举措，并没有采取指斥贬抑的态度。

又如金朝末年的著名文士刘郁在其所著《归潜志》中即评论海陵王道："金海陵庶人读书有文才，为藩王时，尝书人扇云：'大柄若在手，清风满天下。'人知其有大志。正隆南征，至维扬，望江左赋诗云：'屯兵百万西湖上，立马吴山第一峰。'其意气亦不浅。"[2]他

金陵远眺 张晨声 摄影

以类比，皆是被否定的对象。

又如清太宗，他在一次与大臣阅读《金史·世宗纪》时论及金海陵王，称："朕思金太祖、太宗法度详明，可垂久远。至熙宗合喇及完颜亮之世，尽废之，耽于酒色，盘乐无度，效汉人之陋习。世宗即位，奋图法祖，勤求治理，惟恐子孙仍效汉俗，预为禁约。屡以无忘祖宗为训，衣服语言，悉遵旧制，时时练习骑射，以备武功。"[1]认为金熙宗和海陵王的错误，是"耽于酒色""效汉人之陋习"等，却不是前人所谓的"三纲绝"，则是有了另外的评价标准。

清代著名史学家钱大昕的评价则是："谥之最丑者莫如炀。《左传》《史记》所载不具论，汉惟东平王云、长沙王旦，元魏初有纥那追谥曰炀帝。陈后主死于隋，赠长城公，谥曰炀。此外则隋炀帝、金海陵炀王，皆名实相称。惟后周齐王宪，身为贤王而冤死，死后亦谥曰炀，此最枉者。"[2]他认为把海陵王谥为"炀王"，是"名实相称"的。

但是，也有一些人认为海陵王之所以遭到贬抑，与金世宗的政治倾向有直接关系。"后世史书，于被弑之君，皆甚言其恶，如秦苻生史称好杀，刘裕灭后秦，得一老人亲见苻秦之事，云苻生并不好杀，苻坚篡国，史书诬之，刘知几《史通》云，秦人不死，验苻生之厚诬是也，金完颜亮史称淫恶，几非人类，由世宗得国后，令人以海陵恶事进呈者有赏，史称宋齐之主，亦极丑秽不堪，船山史论力辨其不足信，可见乱世无信史，而多助乱之邪说也。"[3]在古人眼里，虽然金世宗起了一些夸大海陵王罪恶的作用，但是海陵王的罪恶却是不容否定的。

二、今天的认识和评定

纵观金海陵王完颜亮的一生，可以说是非常复杂多变的一生。从历史大背景来看，在他出生的时候，正是金朝迅速崛起、灭辽伐宋的动荡时期，中国古代的政治格局出现了巨大变化，从以宋朝为主，辽及西夏、吐蕃、大理等为辅的局面，发展变化为以宋金分立为主，西夏、吐蕃、大理等为辅的局面。正是在这种大背景下，才出现了海陵王大举南伐，企图攻灭南宋、一统天下的重大历史事件。

[1]《皇清开国方略》卷二十二。
[2]《陔余丛考》卷十六《两汉、六朝谥法》。
[3]《经学通论·"春秋"》。

北京，"西京印迹——大同辽金文物展"在北京辽金城垣博物馆展出中　　视觉中国 供图

从金朝发展的具体背景来看，在他出生的时候，正是金朝的女真统治者开始从简单的原始部落制度向已经比较完善和复杂的国家政体制度的转变，也就是从以血缘关系为主体的社会结构向以地缘关系为主体的社会结构转变。在这个转变过程中，又掺杂着极为复杂的民族关系需要加以处理，如新崛起的金朝女真与被灭亡的辽朝契丹族之间、东北地区的女真与渤海等族之间以及诸多少数民族和广大汉族之间的关系，等等。更重要的则是已经掌权的女真贵族各支系之间的矛盾斗争，这些错综复杂的关系，都是金海陵王在即位后必须要面对和处理的棘手问题。

从整个金朝疆域的社会背景来看，在他出生的时候，北半个中国都处于战争状态，金太祖、金太宗在位时期烽火不断，金熙宗即位后仍然与南宋之间不断发生局部军事冲突。海陵王正处在从战争状态向和平状态的转变过程中，但是，这种和平状态并没有维持多久，就又被他的大举南伐所打破。正是在这个短暂的和平状态中，他采取了一系列重大的政治、经济、文化方面的举措，为金朝此后的进一步发展，奠定了较为坚实的基础。换言之，金世宗在即位后的一系列"大治"的政绩，皆是因为有了海陵王的各项举措作为基础才取得的。

首先，就政治方面而言，最大的问题就是女真贵族之间对皇权的争夺，或者说是对皇权掌控的争夺。由于金初部落中原始政治因素的影响极大，造成了两个事实：其一，金太祖没有把皇位传给自己的子孙，而是传给了自己的弟弟金太宗，这在当时就已经留下了极大的隐患；其二，许多女真贵族（金太祖和金太宗的子孙们）在金朝的政治生活中皆有着过大的参与权，这些贵族的权力又是通过显赫的皇族政治地位和巨大的军事指挥权体现出来的。

面对这种局面，皇权受到了极大的挑战和威胁。金熙宗在掌握皇权之后，就开始为解决这个至关重要的国家政治稳定问题而痛下杀手。由于这些手握大权的女真贵族们是不会自己主动交出权力的，不把他们除掉是不会有第二个解决问题的途径的。因此，这些手握大权的女真贵族不管是有罪还是无罪，都必须除去，而夺取他们手中权力的最直接、最有效的办法就是让他们在这个世界上消失。为此，从金熙宗到金海陵王所采取的"滥杀"手段，只是为巩固皇权，也就是为保障国家政局稳定而采取的必要举措。

在这种情况下，一些手握重权的女真贵族虽然没有犯罪，但也被

呼伦贝尔草原　视觉中国 摄影

诛杀，特别是当金熙宗和金海陵王都是金太祖子孙的情况下，金太宗子孙一系的女真贵族，当掌握有大权时，更是被列为必须除掉的对象。这个为巩固皇权而展开的杀戮活动，是从金熙宗时开始的，他因此而得到了"滥杀"的恶名。但是，他在还没有根本解决问题的情况下就被一些女真贵族发动政变而弑杀了。

金海陵王即位后，继续完成这项举措，而且他的执行力度超过了金熙宗，几乎所有手握重权的女真贵族都被杀光了，特别是金太宗的子孙们，更是几乎被杀绝了。因此，到金世宗夺得皇权之后，一方面享受着皇权巩固的成果，另一方面却假惺惺地谴责海陵王的"滥杀"无辜。而后世人们仅仅着眼于无辜女真贵族被杀这一点来指责金熙宗和海陵王，显然是没有考虑到当时的政治背景和社会环境的因素。就金海陵王和金熙宗的关系而言，如果金海陵王不参与弑杀金熙宗，那么最终被杀的就是他自己。不管他是有罪还是无罪，结局只能有一个，就是他的存在已经构成对皇权的威胁，必须去死。

金海陵王在通过宫廷政变夺得皇位之后，做了几个对金朝发展影响极大的举措。

第一个举措，就是对金朝的都城体系加以调整及完善。金朝立国之初，统治中心被设置在白山黑水之间的会宁府，称金上京。虽然经过几十年的经营，这里已经具备了一个都城的大致规模，但是，对整个金朝的发展而言，偏在一隅的统治中心毕竟存在着不可克服的弊病，特别是当金朝的疆域已经扩展到江淮一线之后，这个弊病的危害就更加明显。

作为一个少数民族政权的统治中心，被安置在它的发祥之地是最理想的状况，即便是已经感觉到了不妥，要想改变这种状况，也是很困难的。从金太祖到金熙宗，没有一个人会产生迁移都城的想法。而金海陵王在即位后，首先就选定了新的统治中心，并在遭到诸多女真贵族的反对之下，完成了迁都的举措，从偏在东北一隅的金上京，迁移到了华北平原中心的金中都。这个迁都的举措，从根本上消除了金上京作为统治中心所产生的弊病，而一个更加重要的、规模更加宏大的、新的统治中心由此产生。

金海陵王不仅确立并建造了新的统治中心，而且围绕着这个新的中心，建立了一套更加完善的都城体系。由他确立的这一套都城体系，一直沿用到金朝末年，为金朝此后的发展和统治的巩固起到了非常重要的作用。统治中心的确立和变迁，对一个王朝而言是至关重要的，而作为一个少数民族政权的统治中心迁入中原地区，又进一步促进了民族融合的过程，也为金朝此后的不断发展起了重要的推动作用。

金海陵王的第二个重要举措，就是对金朝的政治、军事体制进行了全面的改革，使之更加规范化，为此后金世宗治理国家奠定了坚实的基础。在政治体制的改革方面，是从金熙宗时候就开始的，而到了金海陵王时基本结束。这场改革的结果，就是形成了所谓的"正隆官制"。也就是从隋唐时期的三省六部制，改变为一省六部制。这个制度又对此后元朝官制的确立产生了较大影响。

在军事体制的改革方面，金海陵王也是取得了较大成效的。在金朝初年的激烈军事对抗中，形成的猛安谋克制度和行台制度，是有其合理因素的，也是不得不采用的权宜之计。及灭辽伐宋之后，政局趋于稳定，再保留这些制度，特别是猛安谋克组织的世袭制度，就会产生诸多弊病。为此，金海陵王果断采取措施，废除了各地的行台，又将带有临时性质的都元帅府改为枢密院，再将一些猛安谋克组织废除了世袭关系，这些举措对于控制地方政府和军队组织是十分必要的，也是金朝政治体系进一步完善的重要体现。

金海陵王的第三个重要举措，就是在经济上全面推动了金朝社会的进一步发展。他在农业方面，鼓励农业生产，整理农田的管理体系。在工商业方面，设置管理商业贸易的机构，印造钞币，铸造钱币，皆为商业发展繁荣提供了便利。他还仿照宋朝的做法，在都城设置惠民局，为普通百姓提供医疗设施。

金海陵王的第四个重要举措，则是在文化方面采取一系列的措施，促进了金朝文化的发展。例如，在文化设施的建设方面，他在金中都建造皇宫的同时，又建造有安葬祖先遗体的皇家陵墓、祭祀祖先牌位的太庙和原庙等。北京地区第一次出现皇陵，就是由海陵王建造的。他又进一步完善科举制度，设立了殿试的程序，等等。他还进一步创立了金朝的仪仗制度等，使金朝的皇家礼仪活动初具规模，并为

玉渊潭晚霞　张晨声 摄影

此后的金世宗等行用。

　　金海陵王是一个极为复杂的历史人物，一方面，他在推动金朝历史发展的进程中发挥了巨大的作用；另一方面，他又在执政期间做了很多倒行逆施的事情，如在男女关系方面的荒淫无耻（这一点被金朝史臣和后世文人加以夸大），在南伐时给金朝和南宋的百姓带来了巨大的灾难，等等。我们在肯定他的历史功绩时没有必要对他的罪恶加以掩饰；也没有必要在揭示他的罪恶时，否定他的历史功绩。黑就是黑，白就是白。

　　现在许多人在评价有争议的历史人物时，往往喜欢使用不同的比例加以描述，认为有的历史人物的功与过的比例为三七开，或是四六开，即七分功劳（或功绩）、三分过失（或罪过），等等。对此，笔者认为是没有意义的，一个人一生的功过是很难一刀切开的。也就是说，在许多情况下，功劳与过失是纠缠在一起的，没法分开。因此，当我们评价一个人的时候，功就是功，过就是过。人无完人，一生必是有功有过。对金海陵王的评价，也应该是如此。

后 记

▼
▼

　　北京市文史研究馆组织编写的这套历史人物专辑，有着比较特殊的视角，即这些历史人物的生平均对中国历史的发展产生了较大影响，同时又与北京历史的发展有着密切的联系。如金海陵王扩建中都城，元世祖创建大都城，明成祖重建北京城，等等。

　　金海陵王是第一位在北京定都的少数民族帝王，又是一位在历史上争议特别多的帝王。在他生前，为了统一中国而对南宋大动干戈，引起南宋王朝的激烈反抗，又引起金朝反战官员和广大百姓的反对，骂声不断。而在他死后，即位的金世宗和他有夺妻之仇，更是对他一贬再贬。就是在此后几百年的历史中，也很少有人对他加以褒扬。

　　纵观海陵王完颜亮的一生，确实做了许多应予贬斥的事情，受到恶评是理所当然的。但是，完颜亮也采取过一些值得肯定的政治举措，如迁都和扩建金中都、迁移和安葬祖先陵寝，等等。这些举措甚至对整个金朝的历史发展皆产生了巨大的积极影响，而这些举措显然是值得肯定的。如果要对这样一位少数民族帝王加以研究和评价，简单地一概否定是不准确、不合理的。

　　我们这部《金海陵王完颜亮》，就是力求在大量把握历史资料的基础上，对海陵王完颜亮的一生进行客观的展示和评价，特别是对他在北京历史发展进程中所做出的重要贡献，给予充分肯定。

作者记于2017年11月，修订于2019年12月